Aproveitar a vida e suas dores

CONTARDO CALLIGARIS

Aproveitar a vida e suas dores

PAIDÓS

Preparação: Wélida Muniz
Revisão: Valquíria Matiolli e Ana Laura Valério
Projeto gráfico: Fabio Oliveira
Diagramação: Fabio Oliveira e Gisele Baptista de Oliveira
Capa: Renata Spolidoro
Foto de capa: Ana Paula Paiva/Valor/Agência O Globo

DADOS INTERNACIONAIS DE CATALOGAÇÃO NA PUBLICAÇÃO (CIP)
ANGÉLICA ILACQUA CRB-8/7057

Calligaris, Contardo
Aproveitar a vida e suas dores / Contardo Calligaris. - São Paulo : Planeta do Brasil, 2025.
208 p.

ISBN 978-85-422-3739-9

1. Psicanálise – Crônicas 2. Filosofia 3. Vida I. Título

25-2990 CDD 157

Índice para catálogo sistemático:
1. Psicanálise – Crônicas

MISTO
Papel | Apoiando o manejo florestal responsável
FSC® C005648

Ao escolher este livro, você está apoiando o manejo responsável das florestas do mundo, e outras fontes controladas

2025
Todos os direitos desta edição reservados à
Editora Planeta do Brasil Ltda.
Rua Bela Cintra, 986, 4º andar – Consolação
São Paulo – SP – 01415-002
www.planetadelivros.com.br
faleconosco@editoraplaneta.com.br

SUMÁRIO

APRESENTAÇÃO

Um olhar raramente crítico – porém sempre clínico e familiar – que brotava de fontes tão díspares quanto banais: um balde de pipoca superfaturado no cinema Reserva Cultural; uma notícia qualquer; um pacote da FedEx com a mais recente curadoria de best-sellers de Jeff Bezos; ou, ainda, seu divã – amaciado pelo tempo, mas sempre inconsolável.

Num mundo em que os influenciadores se tornaram cada vez mais intercambiáveis, os cronistas tornaram-se cada vez mais invisíveis. Este livro é um convite à escuta desse olhar único que nunca precisou seguir tendências para marcar presença, por mais de vinte anos, nas páginas do jornal.

Max Calligaris

PARTE UM

diante da sociedade inteira

“NÃO ESTOU CONVENCIDO DE QUE, PARA VIVER, SEJA NECESSÁRIO QUE A VIDA TENHA UM SENTIDO.”

O SENTIDO FAZ FALTA?

É uma queixa frequente: o mundo e a vida fazem pouco sentido – muito menos sentido do que antigamente, completam os saudosistas. Nas famílias, às vezes, essa queixa produz uma espécie de pingue-pongue. Os pais acham que os filhos adolescentes vivem por inércia, sem rumo e projeto: "Eles não estão a fim de nada que preste, não têm uma causa, uma visão de futuro".

Os filhos, confrontados com essa preocupação dos pais, declaram que, se precisassem mesmo de um sentido para viver, certamente não seria com os pais que eles o aprenderiam: "Mas qual sentido gostariam que eu escolhesse para minha vida, se a vida deles não tem nenhum?". Nesse diálogo, o sentido parece ser sempre o que falta na vida dos outros que criticamos.

Também existem indivíduos (adolescentes e adultos) que se queixam da falta de sentido na própria vida: "Viver para quê? Todo o mundo vai morrer de qualquer jeito. Que sentido tem?".

Geralmente, ao procurar responder a essas constatações desconsoladas, amigos, parentes e terapeutas agem como os pais que mencionei antes: querem injetar uma causa, uma visão de futuro na vida de quem lhes parece ter perdido o rumo necessário para viver.

Agora, eu não estou convencido de que, para viver, seja necessário que a vida tenha um sentido.

Quando alguém se queixa de que sua vida é sem sentido, não tento interessá-lo em grandes razões para viver. Prefiro perguntar (para ele e para mim mesmo) de onde surge tamanha necessidade de sentido. É curioso que, para alguns, a existência precise de uma justificação, de uma razão, de uma causa, de uma visão de futuro.

Em regra, essa necessidade de justificar a vida se impõe quando a própria vida não se basta mais. Ou seja, é quando os gestos cotidianos perdem sua graça que surge a obrigação de fundamentar a vida por outra coisa do que ela mesma.

> Nota clínica: a depressão não é o mal de quem teria perdido (ou nunca achado) uma grande razão para viver. Depressão é ter perdido (ou nunca encontrado) o encanto do cotidiano. Por consequência, tentar "curar" a depressão de um adolescente propondo-lhe militância política ou fé religiosa é nocivo: se a gente conseguir capturá-lo num grande projeto, esse mesmo projeto o afastará ainda mais da trivialidade do dia a dia, cujo encanto ele perdeu.

Resumindo, quando alguém se queixa de que a vida não tem sentido, o problema não é ajudá-lo a encontrar o tal sentido da vida, mas ajudá-lo a descobrir que a vida se justifica por si só, que ela pode ser seu próprio sentido.

A cultura moderna poderia ser dividida em dois grandes blocos (que não coincidem com as tradicionais divisões de esquerda vs. direita etc.): os que pensam que o sentido da vida não está na própria experiência de viver (mas na espera de um além, num projeto histórico etc.), e os que pensam que a experiência de viver, por mais transitória que seja, é todo o sentido do qual precisamos.

Nota: a psicanálise, inesperadamente, está nesse segundo grupo, por constatar que a gente sofre mais frequente e gravemente pelo excesso do que pela falta de sentido.

Alguém dirá que, com o declínio das utopias políticas e algum avanço (talvez) do pensamento laico, o sentido da vida está em baixa. Em suma, eu estaria chutando um cachorro morto.

Não concordo: talvez a própria crise das utopias e de algumas religiões instituídas esteja reavivando uma espiritualidade que tenta sacralizar o mundo, prometendo, no mínimo, sentidos ocultos.

O esoterismo *new age* nos garante que a vida tem um sentido misterioso, que a gente nem precisa saber qual é. Melhor assim, não é? Acabo de ler um breve (e delicioso) ensaio do filósofo italiano Giorgio Agamben, *La Ragazza Indicibile* [A moça indizível]. Agamben, retomando um ensaio de Jung e Kerényi de 1941 sobre Kore, a moça sagrada – Perséfone na mitologia clássica –, mostra que os mistérios de Eleusis, que são os grandes ascendentes do esoterismo ocidental, de fato não revelavam nenhum grande sentido escondido das coisas e da vida – a não ser talvez o sentido de uma risada diante do pouco sentido do mundo.

Ele conclui com a ideia de que podemos e talvez devamos "viver a vida como uma iniciação. Mas uma iniciação ao quê? Não a uma doutrina, mas à própria vida e à sua ausência de mistério".

APROVEITAR A VIDA E SUAS DORES

Com frequência, em conversas e entrevistas, alguém me pergunta o que penso da felicidade, obviamente na esperança de que eu espinafre esse ideal dominante de nossos tempos. Na verdade, não sei se a felicidade é mesmo um ideal dominante.

Claro, o casal e a família felizes são estereótipos triviais: "Com esta margarina ou com este carro sua vida se abrirá num sorriso de panfleto ou de comercial". Mas ninguém leva isso a sério, nem os que declaram que tudo o que querem é ser felizes.

Se alguém levasse a busca da felicidade a sério, se drogaria, e não com remédios nem substâncias de efeito incerto e insuficiente: só crack ou heroína – tiros certeiros.

O que resta é a felicidade como tentação, como vontade de cair fora, compreensível quando a vida nos castiga muito. Fora isso, minha aspiração dominante não é a de ser feliz: quero viver o que der e vier, comédias, tangos e também tragédias – quanto mais plenamente possível, sem covardia.

Meu ideal de vida é a variedade e a intensidade das experiências, sejam elas alegres ou penosas.

Há indivíduos que pedem para ser medicados preventivamente, de maneira a evitar a dor de um luto iminente. É o contrário do que eu valorizo; penso como Roland Barthes, que declara em seu *Diário de luto*: "Luto. Impossibilidade – indignidade – de confiar a uma droga – sob pretexto de depressão – o sofrimento, como se ele fosse uma doença, uma 'possessão' – uma alienação (algo que nos torna estrangeiros) – enquanto ele é um bem essencial, íntimo [...]".

São as fichas nas quais Barthes registrou sua dor entre outubro de 1977 (a morte da mãe) e setembro de 1979 (poucos meses antes de ele mesmo sofrer um atropelamento cujas consequências seriam fatais).

Logo nestes dias, um amigo meu, Paulo V., está perdendo seu pai. Ele me escreve, consternado, que nada sobrará do pai: uma cadeira vazia, gavetas de roupas e papéis e que mais? A lembrança se perderá com a vida do filho, que não lhe deu netos e de quem também nada sobrará. A resposta que encontro, para meu amigo, é uma questão: por que uma vida não se bastaria, mesmo que não sobre nada e, a médio prazo, ninguém se lembre?

Barthes se pergunta se ele estaria escrevendo "para combater a dilaceração do esquecimento na medida que ele se anuncia como absoluto. O – em breve – 'nenhum rastro', em parte alguma, em ninguém". Mas suas anotações não são um monumento fúnebre para a mãe.

Para Barthes, escrever é o jeito de abraçar a experiência, de vivê-la plenamente. Ele se revolta contra as distrações e as explicações consolatórias dos amigos; recusa as teorias que lhe prometeriam um bom decurso de seu luto ("Não dizer luto. É psicanalítico demais. Não estou de luto. Estou triste") e foge, embora a contragosto, das crenças que apaziguariam a dor ("que barbárie não acreditar nas almas – na imortalidade das almas! Que verdade imbecil é o materialismo!"). Enfim, Barthes chega quase a recear que o luto acabe, como se, além da mãe adorada, ele temesse perder também, aos poucos, sua experiência dessa perda.

Meses depois da morte dos meus pais, havia momentos em que eu lamentava que meus afetos e pensamentos voltassem "ao normal", como se minha vida fosse mais pobre sem aquela dor. E havia outros em que, de repente, um detalhe me fisgava até às lágrimas. Esses momentos eu acolhia com alegria.

Como Barthes anota, a dor do luto pode deixar de ser o afeto dominante, mas ela sempre volta, com a mesma força: "O luto não se desgasta porque não é contínuo".

Falando em detalhes que fisgam, as anotações de Barthes reabriram a ferida de quando ele morreu, mais de trinta anos atrás. De que sinto mais falta?

Do timbre de sua voz e de duas coisas que, de certa forma, faziam parte do timbre de sua voz. Sinto falta de seu gosto pela inconsistência das ideias e dos saberes ("proporcionalmente à consistência desse sistema, sinto-me excluído dele"). E sinto falta de sua coragem para falar a partir da singularidade de sua experiência, sem a menor pretensão de erigi-la numa generalidade que valha para os outros.

Em suma, sinto falta dele, mas não é só que eu sinto falta dele, é que ele, ainda hoje, faz falta.

“MEU IDEAL DE VIDA É A VARIEDADE E A INTENSIDADE DAS EXPERIÊNCIAS, SEJAM ELAS ALEGRES OU PENOSAS.”

MEUS PAIS SÃO BIPOLARES

O termo bipolar se tornou corriqueiro na boca dos adolescentes. Não é que eles citem diagnósticos psiquiátricos, no estilo "sabe, minha mãe toma remédio porque os médicos dizem que ela é bipolar". Nada disso; para eles, o termo é a descrição genérica de um estado de espírito dominado por altos e baixos radicais. Além disso, muitos adolescentes pensam que, hoje, ser bipolar é a regra.

Não acho ruim que termos clínicos se vulgarizem e entrem na linguagem comum. Só me preocupa o fato de que, às vezes, psiquiatras e psicólogos adotam essa vulgarização, confundindo a tristeza banal com o transtorno depressivo ou, então, variações do humor banais com o transtorno bipolar.

Com isso, claro, a indústria farmacêutica faz a festa, pois vende antidepressivos a pessoas que estão apenas tristonhas ou morosas e estabilizadores de humor a pessoas que são apenas mais alegres pela manhã do que à noite. Seja como for, talvez os adolescentes tenham razão. Talvez a bipolaridade, além de um transtorno para alguns, seja hoje um traço da personalidade de todos nós. Por quê? Um pequeno desvio para responder.

Existe um grupo de trabalho encarregado de revisar o *Manual Diagnóstico e Estatístico de Transtornos Mentais*, cuja quinta versão (DSM-5) foi publicada em

2013,* e ele manifesta periodicamente suas decisões e pensamentos no site www.dsm5.org. Foi assim que em 2010, se não me engano, soubemos que o transtorno da personalidade narcisista sumiria da próxima versão do *Manual*. Tanto mais bizarro que, aos olhos de muitos (assim como aos meus), a personalidade narcisista, longe de estar extinta, é a que melhor resume a subjetividade contemporânea. Antes de defini-la, vamos ver quais foram as reações.

As más línguas observaram que sempre somem os transtornos para os quais a indústria farmacêutica não tem remédios para vender (não existe pílula para transtorno narcisista, enquanto existem várias para bipolaridade e depressão). Outros, considerando que o transtorno da personalidade narcisista coincidiria com o espírito de nossa época, acharam normal que ele não fosse mais considerado uma patologia.

Enfim, muitos psicanalistas (sobretudo alunos de Heinz Kohut e de Otto Kernberg, grandes intérpretes do narcisismo) protestaram, e eis que, numa revisão, o transtorno narcisista reapareceu no DSM.

---

* Em 2022, foi publicada uma atualização do DSM-5, intitulada DSM-5-TR (*Text Revision*), que revisa e atualiza alguns critérios diagnósticos, a linguagem utilizada no manual e inclui novos termos, como o diagnóstico de transtorno de luto prolongado. (N.E.)

Em síntese, o narcisista não é, como sugere a vulgata do mito de Narciso, alguém apaixonado por si mesmo ou por sua imagem no espelho. Ao contrário, o problema do narcisista é que ele depende totalmente dos outros para se definir e para decidir seu próprio valor: ele se orienta na vida só pela esperança de encontrar a aprovação do mundo.

Infelizmente, nunca sabemos por certo o que os outros enxergam em nós. Às vezes, o narcisista se exalta com visões grandiosas de si, ideias infladas do amor e da apreciação dos outros por ele; em outras, ao contrário, ele despenca no desamparo, convencido de que ninguém o ama ou o aprecia.

Ora, a modernidade é isto: um mundo sem castas fixas, onde cada um pode subir ou descer na vida justamente porque seu lugar no mundo depende da consideração (variável e sempre um pouco enigmática) que os outros têm por ele. Ou seja, a modernidade nos predispõe a um transtorno narcisista permanente e, no coração dessa personalidade narcisista (sina de nosso tempo), há uma oscilação bipolar.

O adolescente tem razão: a bipolaridade talvez seja especialmente manifesta nos pais. Como disse, na sociedade moderna, só somos o que os outros reconhecem que sejamos, e os pais não são exceção a essa regra.

Nem lei simbólica, nem legado divino, nem provas genéticas bastam para me transformar em pai ou mãe de meus filhos. Hoje, para eu ser pai ou mãe, é preciso que os filhos me reconheçam como tal, ou seja, sem o amor e o respeito de meus filhos, eu não serei nem pai nem mãe.

Consequência: todo pai moderno é condenado à bipolaridade, entre a felicidade de ser genitor e uma consternadora queda do alto dessa nuvem. Se ele tenta educar, corre o risco de não ser mais amado e, portanto, de não ser mais pai. Se desiste de educar para ser amado, corre o risco de não ser mais respeitado – ou seja, novamente, de não ser mais pai.

É isto: os pais são bipolares.

PENTIMENTOS

Pentimento é a palavra italiana para arrependimento, mas designa (em muitas línguas) uma pintura, um desenho ou um esboço encoberto pela versão final de um quadro.

Às vezes, com o passar do tempo, a tinta deixa transparecer uma composição em cima da qual o artista pintou uma nova versão. Outras vezes, os raios X dos restauradores desvendam opções anteriores, que permaneceram debaixo da obra final. Esses esboços ou pinturas, que o artista rejeitou e encobriu, são os pentimentos, que foram descartados sem ser propriamente apagados.

Visível ou não, o pentimento faz parte do quadro, assim como fazem parte da nossa vida muitas tentações e muitos projetos dos quais desistimos. São restos do passado que, escondidos e não apagados, transparecem no presente, como potencialidades que não foram realizadas, mas que, mesmo assim, integram a nossa história.

Pensei nisso assistindo a *Um dia*, de Lone Scherfig. O filme é a adaptação do romance homônimo de David Nicholls, que foi uma das leituras que mais me tocaram neste ano.

O livro e o filme (cujo roteiro é do próprio Nicholls) contam a história de Emma e Dexter, que são unidos pelo pentimento: cada um deles é o grande pentimento do outro, ou seja, ao longo dos anos, cada um é, para o outro, a lembrança de que um outro destino teria sido possível.

Reflexões que tive após o filme:

1) A vida é abarrotada de caminhos que deixamos de pegar; são todos pentimentos, mais ou menos encobertos: histórias que não se realizaram. Por que não se realizaram? Em geral, pensamos que nos faltou a coragem: não soubemos renunciar às coisas das quais era necessário abdicar para que outras escolhas tivessem uma chance. E é verdade que, quase sempre, desistimos de desejos, paixões e sonhos porque custamos a aceitar que nada se realiza sem perdas: por não querermos perder nada, acabamos perdendo tudo. Emma e Dexter, por exemplo, ficam cada um como pentimento do outro porque nenhum dos dois consegue renunciar à sua insegurança (que é, aliás, o que os torna tão tocantes e parecidos com a gente): ela morrendo de medo de ser rejeitada, e ele sedento de aprovação, fama e sucesso.

2) O problema dos pentimentos é que eles esvaziam a vida que temos. O passado que não se realizou funciona como a miragem da felicidade que teria sido possível se tivéssemos feito a escolha "certa". Diante disso, de que adianta qualquer experiência presente? Emma e Dexter, por exemplo, são condenados a fracassos amorosos pela própria importância de seu pentimento.

3) Nem sempre os pentimentos são bons conselheiros, até porque, às vezes, eles são falsos (esse, obviamente, não é o caso de Emma e Dexter). Hoje, é fácil esbarrar em espectros do passado: as redes sociais proporcionam reencontros improváveis e, com isso, criam pentimentos artificiais. Graças às redes, uma história que foi realmente apagada da memória (não apenas encoberta) pode renascer como se representasse uma grande potencialidade à qual teríamos renunciado. No reencontro, um namorico da adolescência, insignificante e esquecido, transforma-se em (falso) pentimento, ou seja, numa aventura que poderia ter aberto para nós as portas do paraíso (onde ainda estaríamos agora, se tivéssemos ousado trilhar esse caminho). Quando examino as fotos de minhas turmas do colégio, sempre fico com a impressão de que deixei amizades e amores inacabados ou nem começados, mas que teriam revolucionado meu futuro. É como se me perguntasse: "Quem era minha Emma? Para quem eu era o Dexter?", fantasiando pentimentos de relações que nunca existiram. Somos perigosamente nostálgicos de escolhas passadas alternativas, que teriam nos levado a um presente diferente. Se essas escolhas não existiram, somos capazes de inventá-las, e de vivê-las como pentimentos.

Avisos: os pentimentos não são necessariamente recíprocos, e os falsos pentimentos, revisitados, são pequenas receitas para o desastre.

4) Em *As canções,* filme de Eduardo Coutinho, homens e mulheres cantam a música que foi crucial na sua vida (e explicam por que ela foi crucial). Em alguns casos, especialmente tocantes, as músicas são trilhas sonoras de pentimentos.

FUGIR DE CASA

Antes de mencionar *A busca,* de Luciano Moura, eu devo me declarar impedido: por razões anteriores e exteriores ao filme, serei parcial.

Primeiro. Tenho tremenda admiração pela roteirista do filme, Elena Soarez – ela criou, com Cao Hamburger, o seriado *Filhos do Carnaval,* que ainda me força a ficar acordado quando esbarro numa reprise noturna.

Segundo. Desde *Central do Brasil,* de Walter Salles, sou especialmente sensível às corridas território brasileiro adentro, atrás de um pai de verdade (eventualmente, marceneiro).

Terceiro e mais importante. Como o jovem Pedro no filme de Moura e com a mesma idade dele, eu fugi de casa.

Por que Pedro foge? Difícil dizer. Talvez seja por causa da recente separação dos pais. Talvez seja porque o pai (Wagner Moura) não enxerga mais o filho, que está crescendo e tem paixões próprias. Ou talvez seja porque fugir de casa, algum dia, é necessário para todos – e tanto faz que isso aconteça realmente ou de maneira figurada.

Por que eu fugi? Mesma perplexidade: uma namorada distante, a vontade de cruzar fronteiras por minha conta, a ambição de provar que podia sobreviver sem a ajuda de ninguém... As razões que eu enumeraria naquela época e que poderia enumerar hoje não me bastam. Quanto mais me esforço para encontrar uma resposta, menos entendo: eu gostava dos meus pais e do lar no qual crescia com eles.

Ou seja, Pedro não me explicou minha fuga. Em compensação, pela primeira vez depois de cinquenta anos, num cinema da Gávea, eu senti o que deve ter sido a dor de meus pais quando eu sumi. No desespero do pai de Pedro correndo atrás do filho, Brasil afora, vi o drama do meu pai. A comoção foi um arrependimento? Não pelo que fiz e que faria de novo, mas, sim, pela dor que causei, embora talvez fosse inevitável.

Lembrei-me claramente de uma manhã muito cedo, em Londres, quando meu pai, cansado, bateu na porta do apartamento que eu dividia com um amigo e do qual ele tinha conseguido o endereço numa penosa investigação entre meus conhecidos, em Milão.

Não houve nenhum abraço especial. Ele pediu que eu voltasse, porque, disse, minha mãe não aguentava minha ausência e a falta de notícias. Ele nem mencionou seu próprio sofrimento. E não perguntou por que eu tinha fugido de casa.

Aceitei voltar para tranquilizar minha mãe. Mas prometi que fugiria de novo, assim que pudesse. E foi o que aconteceu: fui para casa e fugi de novo.

Muitos meses depois, quando voltei de vez, tampouco conseguimos falar das razões do que tinha acontecido – talvez porque, no fundo, não houvesse razões além da banalidade do processo de crescer, de destacar-se dos pais, de encontrar uma voz própria, fora do coro.

Nesse processo, aliás, surgem motivações genéricas suficientemente poderosas para que mal seja necessário procurar "causas" na singularidade dos pais ou dos filhos. Dois exemplos:

1) Os pais nunca nos dão tudo (nem quando são loucos a ponto de querer nos fartar). Mesmo assim, durante um tempo absurdamente longo, o que temos e esperamos vem só deles. Na adolescência, começamos a desejar coisas que eles não conseguiriam nos dar nem se quisessem nos ver eternamente satisfeitos. No entanto, como eles sempre foram responsáveis por nossas satisfações, agora nos parecem ser responsáveis por nossas frustrações.

2) Stanley Cavell, um grande filósofo americano, num ensaio de 1987, observou que todos nós sempre resistimos a deixar que os outros nos transformem, e isso acontece, ele propôs, porque temos uma memória viva (e talvez ressentida) do quanto fomos transformados por alguns outros no começo de nossa vida.

Essa intuição de Cavell pressupõe uma mágoa para com os pais pelo próprio peso que eles tiveram na nossa infância – uma mágoa fundamental, só por eles terem criado e moldado a gente.

Obviamente, essa mágoa, que animaria a rebeldia adolescente, é, de fato, mais uma marca dos pais. Pois mesmo os pais mais invasivos nunca deixam de sonhar com a autonomia dos filhos. Hostilizamos os pais e fugimos deles porque *eles* mesmos querem nos ver livres e não gostam que se prolongue a influência que eles tiveram e têm sobre nós.

Ironia: quem deseja que fujamos de casa são nossos pais. E, fugindo, realizamos um desejo deles. Claro, o outro desejo deles seria que ficássemos em casa para sempre.

A ARTE DA FUGA

Há mil momentos em que gostaríamos de fugir: da família, dos amigos, do nosso passado, de nós mesmos; em suma, de tudo.

Especialmente na adolescência, a fuga é um jeito saudável de crescer. Fugimos para os devaneios, para outra religião, para drogas, para ideias políticas inéditas na nossa família, para promiscuidades sexuais bizarras ou, ainda, fugimos de casa com uma trouxa nas costas.

É preciso fugir para ter a impressão de sermos "nós mesmos", diferentes do que os pais, a escola e os adultos esperavam que fôssemos. Mas a arte da fuga é complicada e comporta alguns riscos.

O filme *Um belo domingo*, de Nicole Garcia, não é uma obra-prima, mas é perfeito para pensar na arte da fuga. Além disso, tenho um carinho especial por Nicole Garcia.

Em 1983, eu estava dando a volta à França para promover um livro, o *Hypothèse sur le fantasme* [Hipótese sobre a fantasia]. Era um livro de psicanálise, para adeptos. Nas cidades que eu visitava, conversava com um pequeno público de psicanalistas e estudantes. Em Grenoble, o encontro era num sábado, na casa da cultura.

Quando cheguei, já havia uma fila impressionante esperando para entrar: o papo foi transferido para o grande anfiteatro. O que tinha acontecido? Na época, semanalmente, a revista *Le Nouvel Observateur* convidava uma celebridade a indicar seu evento preferido para cada dia. Naquela semana, Nicole Garcia, atriz (ela ainda não dirigia), tinha indicado, para aquele sábado, o encontro comigo na casa da cultura de Grenoble. Alguns acharam que eu devia estar secretamente namorando Nicole Garcia, e outros que ela devia estar se analisando comigo.

Por que conto essa história agora? Freud explica: aquela viagem a Grenoble por pouco não foi a ocasião para uma grande fuga (que foi postergada: o ano seguinte foi minha primeira viagem ao Brasil). Agora, se Nicole Garcia tivesse estado lá e tivesse me proposto a fugir com ela...

Nicole Garcia sempre se interessou por psicanálise, e *Um belo domingo* é quase um filme didático. Sem spoilers: Baptiste fugiu de seu passado, mas um dia, para ajudar uma amiga, ele precisa voltar para a casa e a família das quais ele fugiu.

1) A recusa do passado da gente pode ser uma revolta (sou contra a família que me criou) ou uma mistura de ficção e esquecimento (eles me quiseram ou não me quiseram etc.). Enfim, tudo para dar sentido à nossa presença no mundo.

Há fugas que são apenas distorções da vida que parecia nos ser destinada, e há fugas nas quais a gente se afasta de nossa história a ponto de se perder. Nessas fugas radicais, à força de querermos ser nós mesmos, podemos acabar não sendo mais nada.

Os exemplos, justamente, vão desde o filho de um advogado californiano que acabou sendo talibã no Afeganistão até os que enlouquecem por ter cancelado sua história sem conseguir inventar ou encontrar outra.

2) As recusas radicais produzem uma espécie de errância. Quase sempre, o que nos prende a um lugar é nosso passado – sem ele, por que parar? Inversamente, prender alguém (interná-lo) se apresenta como um jeito de "convencê-lo" a aceitar seu passado.

3) É fácil imaginar que a recusa radical de nosso passado nos leve a uma grande liberdade de vida, de ação e de pensamento. Não é assim: a recusa radical de nosso passado nos leva à procura incessante (angustiada e, às vezes, delirante) de qualquer coisa que organize o mundo ao redor da gente.

4) As fugas radicais são fracassos da arte da fuga. E não sei se há mesmo casos em que uma fuga radical seja inevitável ou desejável. Há poucas histórias que precisam ser apagadas e que não possam ser transformadas.

Fugi de casa aos 14 ou 15 anos; sumi durante um ano. Ninguém me procurou para me internar. O extraordinário, retroativamente, foi o respeito de minha família por minha fuga. De qualquer forma, eu não desprezava o sentido que minha família e meu passado me reservavam. Fugi por pressa de inventar sentidos novos, porque me parecia que o passado não bastava para justificar minha vida.

Em que medida é justo querer que os filhos sejam *nossos* filhos? E em que medida é possível aguentar que eles, um dia, fujam da gente?

COMO VIVER UM LUTO

Qual é o melhor jeito de viver um luto? Agora que ele/ela morreu, agora que perdi a saúde, agora que a casa caiu, como é que eu faço para continuar com minha vida?

Quase sempre, quem coloca essa pergunta de fora (ou seja, pensando generosamente nas perdas dos outros ou em eventuais perdas futuras) parece acreditar num pressuposto pelo qual, antes de mais nada, quem perdeu um ente querido gostaria de sofrer quanto menos possível e pelo tempo mais curto.

Quando passamos por um luto, muitos amigos e parentes apostam no mesmo pressuposto e sugerem que a gente dê um jeito para se distrair e esquecer logo. Pois bem, o tal pressuposto é errado: "fazer o luto" nunca significa esquecer quem e o que perdemos – ao contrário, para fazer o luto e sair minimamente da fossa é necessário se lembrar.

Talvez isso aconteça porque se lembrar de quem morreu é um jeito de manter o morto em vida, dentro de nós; sei que essa observação pode parecer mais bonita do que verdadeira, mas aqui vai um exemplo.

Anos atrás, conheci uma senhora idosa que acabara de perder o único filho (o qual, por sua vez, era jovem e celibatário). Ela ficara sem família alguma, sozinha no mundo; a vida não fazia mais sentido: logo daria um jeito de acabar "esta lástima".

Detesto mentir para consolar. O único argumento que me veio foi o seguinte: se ela se matasse, o filho morreria de novo, com ela, e desta vez definitivamente, pois não haveria mais ninguém para se lembrar dele.

Encontrei uma curiosa confirmação das minhas palavras, quando li uma crônica de David Eagleman, em *A soma de tudo*: no Além, todos os mortos estão juntos até o momento em que, na Terra, seu nome é pronunciado pela última vez.

Quando isso acontece, alguém vem e leva o morto embora. Não se sabe para onde ele vai, mas a impressão dos que ficam na sala é que a morte verdadeira é aquela: quando chega a última vez em que o nome é pronunciado na Terra.

Por isso, talvez, para todos os autores sérios que tratam do tema, o luto nunca seja esquecimento. E, quanto a mim, faço esforços propositais para me lembrar de meus mortos, para mantê-los naquela sala do Além, antes da chamada final.

Uma outra coisa com a qual quase todos os autores sérios concordam é a recomendação de que o luto se expresse numa atividade concreta. Você pode fazer algo que a pessoa que você perdeu gostava de fazer ou que você fazia com ela.

Ou, então, criar algo que torne sólido, tangível o trabalho de sua memória – por exemplo, escrever um diário do luto, contando como ele ou ela lhe fazem falta, mas continuam na sua vida.

Boris Fausto, justamente, nos últimos três anos, depois de perder Cynira, a companheira de uma vida, escreveu o diário de seu luto: *O brilho do bronze*. Fazia muito tempo que eu não lia nada tão verdadeiro, tão honesto e tão justo. Terminei o livro numa sentada só e guardo ele ao alcance da minha mão. Claro, é porque posso querer reabri-lo de vez em quando, mas não é só por isso: *O brilho do bronze* é uma obra companheira, como os *Ensaios* de Montaigne ou as melhores coisas de Roland Barthes – quero que o livro fique comigo e me acompanhe durante um tempo.

Talvez seja por causa do próprio luto, talvez seja por causa da idade (84 anos), mas o fato é que Boris Fausto escreve com a liberdade de quem não tem nada para esconder, nem de si mesmo.

Entende-se que o livro seja um companheiro e amigo para qualquer um que esteja vivendo um luto. E não diga que ter amigos em carne e osso com quem conversar seria melhor do que ter um livro para ler.

O livro de Boris Fausto é mais sábio do que a média dos amigos. Além disso, uma grande parte dos nossos lutos são inconfessáveis e são vividos sem poder falar nada para ninguém: pense no luto de quem perde o homem da sua vida, que não é o marido – ou a mulher de sua vida, que nem a própria sabia que era.

Kenneth Doka, um famoso gerontologista da Faculdade de New Rochelle, em Nova York, descobriu a importância (quantitativa e qualitativa) dos lutos não autorizados (*disenfranchised*), que precisamos viver sozinhos, em silêncio – porque os sentimentos eram e devem continuar escondidos, porque a sociedade não leva a sério a perda que sofremos, porque o laço era de alguma forma vergonhoso e a dor seria uma confissão.

Enfim, com ou sem luto, o livro de Boris Fausto é um amigo para qualquer um que, por qualquer razão, esteja perdendo sua fé na escrita e na leitura.

PARA JOSÉ WILKER

1) Era uma manhã perfeita no Rio: azul, sem uma nuvem e nada abafada – a temperatura certa. Minha mulher estava nas pedras do Arpoador quando recebeu o telefonema. E ela me ligou enquanto eu, em São Conrado, olhava para a praia e para a pedra da Gávea.

Pensei (pensamos, na verdade): não pode ser, não num dia assim. Ninguém deveria morrer num dia assim.

A beleza é tremendamente traiçoeira. Deve ser por isso que a gente diz que as coisas podem ser lindas de morrer.

2) José Wilker morreu no sono, sem perceber. Foi assim que morreu minha mãe, anos atrás. E foi assim que morreu, neste mesmo fim de semana de bruxas soltas, a avó de meu filho, minha ex-sogra: sentada numa poltrona.

Dizem que essa morte repentina e imprevista é a morte ideal, graças à qual evitamos sofrer pela hora que se aproxima – seja ela a nossa ou a de um ser querido.

Entendo, concordo. Mas, na morte clássica, havia um momento que nos faz falta: com os mais próximos ao redor da cama, o moribundo tinha o tempo de se despedir de todos, um por um.

3) O velório durou da noite de sábado até a tarde de domingo, no Teatro Ipanema, que foi o primeiro

grande palco de José Wilker no Rio, em 1970. Para alguns artistas que estavam no velório, as peças de Wilker no Ipanema, *O arquiteto e o imperador da Assíria* e *A China é azul*, eram as primeiras apresentações que eles viram na vida.

4) O caixão estava no meio do palco; parentes e amigos ficavam nas primeiras fileiras da plateia, e o público subia ao palco, contornava o caixão e descia do outro lado.

No fundo da cena, atrás do caixão, estavam algumas fotografias de José Wilker em diferentes atuações. A maior, no centro, era um retrato dele retirando a maquiagem após uma apresentação de *Mefisto*, no começo dos anos 1990.

Era uma forte metáfora do sacrifício do ator: atrás da maquiagem de cena, o comediante, à força de atuar, à força de ser mil outros, tinha perdido sua vida. E o público, subindo ao palco, fazia essa descoberta, agradecia e rendia homenagem.

5) Porque ninguém podia morrer naquele dia no Rio, porque estávamos num teatro, porque havia sobretudo atores na plateia, eu tinha a sensação, repetida, de que aquilo tudo fosse uma encenação.

Pensava numa comédia de Eduardo de Filippo (talvez *Napoli milionaria!*), em que, de uma hora para outra, saberíamos que o morto era de brincadeira, José Wilker se levantaria, ele faria sua reverência e o público aplaudiria. Ou então talvez se tratasse de um remake de *Dona Flor e seus dois maridos*; alguém gritaria "Cooorta!", e Vadinho sairia do caixão para dar uma descansada – porque fazer o morto cansa (pergunte para qualquer ator que fez).

Vadinho é José Wilker, na memória de todos. Vadinho também morreu de repente, sem pré-aviso e num dia que não era para isso, um Carnaval. E Vadinho é um morto duvidoso, um morto que volta. Por isso talvez a sensação de que não era de verdade, que alguém gritaria: "Cooorta!".

6) Na madrugada de sábado, na rua na frente do teatro, senti um certo incômodo com os fotógrafos, as câmeras de TV e os celulares dos "fãs".

Mas eis que uma mulher se aproximou de mim e me perguntou: "O senhor sabe se a família dele chegou?". Meio a contragosto, respondi que as filhas dele estavam lá. Mas ela queria saber da família do Ceará, "a família de longe". Com uma sabedoria de retirante, que conheço bem por viver longe de meu lugar de origem, ela queria saber se dera tempo para todos chegarem ao enterro do parente. Expliquei que sim, as irmãs e a sobrinha dele tinham chegado do Recife. Ela disse, com um alívio genuíno: "Que bom". Não era curiosidade, era mesmo cuidado e carinho.

7) Era difícil, se não impossível, a família e os amigos reconhecerem todo o mundo. Um senhor corpulento se adentrou nas fileiras dos amigos e da família; comovido, ele abraçava a todos e era retribuído.

Nota dissonante: ele sussurrou no ouvido de uma amiga que aquilo não podíamos deixar passar, que o complô tinha que ser revelado. A amiga me avisou: havia alguém um pouco (ou muito) estranho que circulava no velório distribuindo beijos e teorias conspiratórias.

Pensei que ninguém, naquele velório, apreciaria a história do homem corpulento tanto quanto o próprio José Wilker – alguém tinha achado um jeito involuntário de fazer uma última homenagem ao seu humor, legendário.

UMA DESPEDIDA PARA OTAVIO

Sou obstinadamente fiel à imprensa escrita: meu dia começa com o jornal. Só entro na internet mais tarde. É por isso que soube da morte de Otavio lá pelas 9h de terça, quando recebi um zap que dizia: "Acho que você perdeu um amigo, então deixo um abraço aqui".

Abri a primeira página do UOL para entender e a notícia estava lá: "Morre aos 61 Otavio Frias Filho, diretor de Redação da Folha". Verdade, eu tinha perdido um amigo – foi a primeira coisa que pensei.

Corri para desmarcar compromissos e chegar a tempo ao velório – como estou correndo agora, para escrever esta coluna imprevista, comovida e atrapalhada pelas lembranças.

Só no fim do velório eu soube realmente por que eu estava lá: foi quando os presentes na cerimônia, centenas, aplaudimos de pé, longamente, por minutos. Pensei que o Otavio dramaturgo apreciaria esse aplauso. Pensei também que só uma outra vez eu havia participado de um aplauso de despedida comparável, quando o corpo do meu pai foi levado ao cemitério de Lambrate, em Milão.

Pensei, enfim, que o aplauso de quem fica é a melhor recompensa por uma vida que não seja consolada pela fé.

Otavio, e aqui começo a explicar minha amizade, minha admiração e meu aplauso, era cético, filosófica e religiosamente. Desconfiava das certezas fáceis, mas nunca a ponto de não acreditar que existam fatos e verdades. Desse ponto de vista, ele era (é ainda) o homem para esta época de boatos e falsas notícias que, na repetição e no grito, tentam impor "verdades" que são apenas crenças.

Como a maioria dos céticos, ele podia ser cínico (de maneira engraçada, irônica e autoirônica), mas nunca a ponto de não acreditar, por exemplo, que existam motivações humanas decentes – por raras que sejam.

Com frequência, o ceticismo é acusado de levar a gente para todo tipo de desistência: se não há certezas, se não há nada que mereça nossa crença, por que agir? Por que sair da cama de manhã? E como encarar fielmente nossas tarefas, como se esperássemos delas um futuro no qual não acreditamos? É possível ser cético ou cínico e agir no mundo? Ou, para agir, é preciso acalentar uma ilusão?

Otavio era, para mim, o exemplo de quem age no mundo dispensando ilusões. Ou, dá na mesma, de quem procura verdades sem recorrer a crenças.

Uma colega querida para quem me queixo da quantidade de meus afazeres (os quais todos eu escolhi) ultimamente passou a zombar de mim, perguntando: "Mas você quer o quê? Ganhar o prêmio Nobel?". É claro que não tenho essa ambição (além do mais, se a tivesse, seria um péssimo estrategista).

Mas o que ela parece supor é que eu multiplico meus afazeres por causa de alguma esperança, mais ou menos desmedida. Ou melhor, ela pensa que só uma esperança ou uma ilusão podem fazer com que a gente continue caminhando (eventualmente, contra o vento).

Mas Otavio provou o contrário. É possível não acreditar em salvação alguma (nem sequer acreditar que a gente possa transformar o mundo e torná-lo mais habitável), mas não por isso fugir de nossas tarefas: escrever uma peça, um ensaio, uma coluna ou dirigir o maior jornal do país.

Um poeta italiano, Vincenzo Cardarelli, escreveu este verso bonito: "Sono un cinico che ha fede in quel che fa" (sou um cínico que tem fé no que faz). E vale acrescentar: para fazer, nem é preciso acreditar no que a gente faz.

Muitos se lembrarão com razão da novidade, se não a revolução, que Otavio produziu no jornalismo brasileiro, inventando um jornal plural e diverso. De minhas conversas com ele ao longo dos últimos vinte e cinco anos, sobra-me uma ideia diferente do que seria ou poderia ser a diversidade.

A verdadeira diversidade das ideias estará presente (na nossa imprensa e no mundo) nem tanto quando as convicções diferentes terão toda liberdade para se expressar, mas quando todos os que expressam sua opinião tentarão naturalmente pensar além da opinião que eles expressam. Explico.

As opiniões são baratas, todas adotáveis sem muito esforço. Talvez por isso pareçam sempre um tanto vulgares. Geralmente, quando elas se expressam, querem só ganhar acólitos. O mundo seria mais interessante se todos, ao expressarmos uma opinião, fôssemos levados a pensar além dela, ou seja, a explorar, junto com nossas razões, as razões de quem acredita na opinião oposta.

Um dia a gente chega lá.

NINGUÉM PODE SE AUSENTAR...

A carta simples e registrada tem a mesma previsão de entrega, mas a registrada você pode rastrear. Sem contar que existe a carta registrada com Aviso de Recebimento (AR), "na qual o destinatário assina um documento ao receber, que depois é enviado para o remetente", assim explicam os Correios.

Imagino que o primeiro uso da registrada com AR tenha sido jurídico: o aviso assinado prova que o destinatário foi devidamente informado. Mas o uso afetivo deve ter vindo logo depois. Você escreve a um ser amado; cinco dias leva a sua carta para ir; digamos, dois dias para ele escrever; mais cinco dias para a resposta chegar até você. A partir de quando você vai se desesperar, achando que ele escolheu o silêncio? Com o AR, no mínimo, você sabe quando a missiva foi entregue. Pode ser que o outro não responda e desperdice assim a chance de um grande amor, mas não será por causa do desserviço do correio.

O telegrama também garantia a entrega, mas, justamente, tinha o defeito de ser telegráfico e era indiscreto: funcionários desconhecidos leriam seu texto para poder transmiti-lo.

O e-mail aboliu o tempo de viagem das missivas. Mandou, chegou. Mesmo assim, seu percurso encontra armadilhas. As desculpas clássicas (desculpe, não acesso meu computador há dias) não valem mais agora que o e-mail chega ao smartphone. Mas ainda é possível dizer que seu e-mail caiu no antispam, ou, então, eu me confundi, não entendi que era seu e o apaguei sem querer. Por isso, aliás, há os que mandam um e-mail e logo telefonam para perguntar: recebeu?

O telefone evoluiu na mesma direção. Houve a chamada interurbana e a internacional diretas, sem reserva prévia; houve a secretária eletrônica, e há, enfim, o celular. Não contentes de alcançar o outro e de estarmos disponíveis em qualquer momento, lamentamos que a tecnologia GPS não nos diga também onde está nosso interlocutor; por isso, imagino, quem liga para nosso celular começa por perguntar, quase furioso, por não saber: "Onde você está?".

De qualquer forma, a ideia de que alguém possa ser inalcançável por algum tempo se tornou intolerável. O mesmo vale para a ideia de que a gente possa estar fora de alcance durante as duas horas de um filme, de uma peça de teatro ou de uma aula.

Nossa disponibilidade ininterrupta talvez revele um tremendo medo de sacrificar sonhos e desejos (que nem sabemos quais seriam), porque deixaríamos passar cavalos encilhados (que passam uma vez só: ligaram, você não atendeu, já foi).

Mas talvez haja, sobretudo, nessa tentativa de estarmos sempre presentes caso alguém nos contate, uma espécie de horror fundamental da ausência, que vale para nós e para os outros. Ninguém é autorizado a "não estar"; nem nós, nem os outros, nem Deus.

O deus dos evangélicos, que interviria na vida dos fiéis e se manifestaria quando invocado, é mais próximo de nossa época do que o deus um pouco escondido e silencioso dos católicos e das denominações protestantes tradicionais.

Não sei se inventamos, aos poucos, a tecnologia que corresponde à nossa necessidade de estarmos e de ter o outro sempre ao alcance, ou se a tecnologia, mudando, fez com que nos acostumássemos à presença constante de todos, sempre alcançáveis.

Seja como for, nossa marcha avança na direção de uma presença sem silêncios e sem esconderijos. A última novidade do WhatsApp é um bom exemplo. Nele, você pode saber imediatamente se sua mensagem foi recebida e lida. Não adianta ficar calado: eu sei que você me leu.

Um leitor da coluna sugere que eu fale de como o sistema carcerário "molda a sociedade". Pois é, o sistema em que o preso seria sempre visível (como os cidadãos das cidades vigiadas pelas telecâmeras) transforma-se num sistema em que devemos estar sempre alcançáveis, caso a Justiça queira nos prender.

Uma pequena estratégia de resistência. Aparece, na tela de seu smartphone, a notificação de que chegou uma mensagem de WhatsApp. Você quer um pouco de tempo para pensar na resposta, ou seja, quer lê-la sem que o outro saiba que você a leu. Pois bem, coloque seu celular em modo avião, abra e leia – enquanto você permanecer em modo avião, nenhuma notificação será encaminhada ao seu correspondente.

Moral da história: o avião é mesmo uma maneira eficaz de se afastar, de vez em quando.

SOZINHOS OU SOLITÁRIOS?

A *Counseling Today* é a revista da American Counseling Association, a associação dos psicoterapeutas dos Estados Unidos. A cada mês, a matéria de capa trata de uma inquietude que, em tese, está na ordem do dia para pacientes e profissionais. Na edição de janeiro de 2015, foi "Confronting Client Loneliness" [enfrentando a solidão do paciente], e a imagem de capa era um idoso sozinho, de costas, num parque outonal deserto.

Mundo afora, um número crescente de pessoas (idosas e não) mora sozinho. No Brasil, a porcentagem dos domicílios habitados por apenas um morador está próxima dos 15%, segundo o IBGE. Na Inglaterra, é 29%, apenas atrás da dos lares de duas pessoas, que é 35%. Essa informação é quase sempre veiculada como sinal de alguma decadência urbana ou de uma espécie de patologia contemporânea.

Os anos 1960 promoveram a vida em sociedade e a paixão política como valores; o próprio casal parecia ser um modelo social fechado e mesquinho; era melhor fazer tudo em grupo: desde criar os filhos até redigir trabalhos de conclusão de curso.

Logo em 1959, uma psicanalista, Frieda Fromm-Reichmann, publicou um artigo que se tornou clássico, "Loneliness". Ela admitia que é possível ser solitário sem sequer se sentir sozinho, mas o que ficou a partir de então é que a solidão estaria na origem de todo tipo de sofrimento e de transtorno mental.

Trinta anos mais tarde, já se constatava (ou se acreditava?) que a solidão encurtaria a vida do solitário. Uma metanálise ("Social Relationships and Mortality Risk" [Relacionamentos sociais e risco de morte]) do que se pesquisou e se escreveu nessa direção foi publicada em 2010, na *PLOS/Medicine*. O ponto de partida do texto é que cada vez mais pessoas vivem sozinhas: acabou (ou quase) a família extensa e se tornou banal mudar de cidade ou de país etc.

Enfim, é normal que a gente esteja e se sinta sozinho, mas resta saber se essa sensação é ruim para a saúde. Uma leitura sistemática de 148 pesquisas publicadas mostra que a falta de relações sociais fortes é um fator de mortalidade parecido com o fumo ou o álcool e maior que a inatividade física e a obesidade.

Claro, os pesquisadores sabem que não é simples definir a solidão. Também sabem que muitos fumam, bebem, comem e ficam deitados vendo TV justamente porque estão sozinhos, o que faz com que seja complicado descobrir qual é o verdadeiro fator de risco. De qualquer forma, para os autores, fica estabelecido que a solidão encurta a vida.

Nos últimos quinze anos, apareceu uma nova questão: será que o uso da internet é uma causa ou um efeito da solidão que ameaçaria nossa vida? Ao longo dessas décadas tão propensas a idealizar a convivência social, houve a voz discordante de Anthony Storr, outro psicanalista, que, em 1988, publicou *Solidão, a conexão com o eu*; vale lembrar que, para alguns, ficar sozinho pode ser um jeito de se curar e não de adoecer.

Enfim, entre Fromm-Reichmann e Storr, uma pergunta: a solidão é um transtorno de nossa sociabilidade supostamente "natural" (como pensavam os gregos)? Ou, então, nossa sociabilidade apenas manifestaria outro transtorno, que é o medo de ficarmos sozinhos conosco?

É nesse contexto que chega o livro de Sara Maitland, *Como ficar sozinho*. É um dos textos de *The School of Life*, a série dirigida por Alain de Botton, que tenta renovar a autoajuda. Maitland, além de dar conselhos para tentar viver sozinho (que é a preferência dela), mostra que a sociabilidade e a solidão são ideais que coexistem em nossa cultura.

A ideia de que a vida plena tenha que ser social é antiga, clássica, greco-romana. A ideia de que a vida plena seja a vida interior é cristã e moderna: a religião para nós é diálogo com Deus antes de ser celebração pública, a justiça e a moral são questões que resolvemos no foro íntimo, e não no fórum.

Nosso lazer é com amigos ou sozinhos? Muitos diriam que viajar ou sair à noite seria muito mais interessante se eles estivessem completamente sozinhos, mas a amizade, o amor ou o medo são mais fortes do que o desejo de aventura.

O que é mais moral, deixar os outros entrarem na nossa vida ou cultivar apenas nosso jardim, sem sermos distraídos por eles? Quem está mais perto da verdade (seja lá o que ela for), o monge ou o militante político?

A CRISE DE MEIA-IDADE

Já passei da meia-idade. Segundo várias pesquisas, isso significa que, agora, ficando idoso, eu serei bem mais feliz do que há vinte anos, por exemplo. Essa felicidade deve durar e subir até que cheguem as verdadeiras limitações impostas pelo envelhecimento e as eventuais doenças invalidantes. A meia-idade parece ser uma fossa pela qual todos passamos: pior que a adolescência e os anos do jovem adulto, e pior do que a terceira idade.

Essa fossa inevitável consistiria numa decepção com o que a gente conseguiu na vida até então: uma tristeza ao constatar que o horizonte final se aproxima e que, portanto, começos radicalmente novos seriam difíceis e tardios.

Isso, acompanhado por uma tendência a fazer besteiras para provar que, ao contrário, a vida acaba de começar – desde comprar um conversível importado até se casar com alguém de 19 anos.

Não me parece que eu tenha vivido uma crise de meia-idade típica. Mas alguns amigos brasileiros me lembram que, de fato, foi bem na época da tal crise que eu deixei Paris e me instalei no Brasil. Bom, não sei se foi uma besteira da meia-idade; de qualquer forma, não me arrependo.

Enfim, recebo pedidos de atendimento de homens e mulheres que sofrem da dita crise da meia-idade. Alguns supõem que a crise tenha alguma causa química natural. Afinal, eles estão, nesta altura da vida, onde esperavam estar; sim, claro, há dificuldades, sempre há, mas nada que justifique seu mal-estar. O que será? Uma espécie de pré-menopausa ou pré-andropausa? Uma alteração hormonal que chega junto com os 40?

Recentemente, uma pesquisa de C. Graham e M. Nikolova (da Brookings Institution) confirmou a conhecida "curva em U" da felicidade: ao longo dos anos de uma vida, a curva do bem-estar (corrigida pelas variáveis óbvias: emprego, situação financeira, saúde etc.) é uma linha que despenca entre os 35 e 55 e depois sobe até o fim da vida.

Num artigo sobre a meia-idade da revista *The Atlantic* de dezembro de 2014, Jonathan Rauch cita uma pesquisa de primatólogos segundo a qual chimpanzés e orangotangos, ao longo da vida, passariam por curva análoga à humana.

Tenho uma confiança limitada nos questionários que permitem essa pesquisa e que são preenchidos por cuidadores de zoológico, veterinários etc., os quais, inevitavelmente, tendem a projetar seus sentimentos nos primatas com os quais lidam. A pesquisa dos primatólogos me parece sobretudo expressar nossa vontade de confirmar a hipótese de uma explicação biológica pela crise da meia-idade.

No extremo oposto, Rauch nota que a crise da meia-idade é uma ideia que ganhou força nos anos 1950 e 1960, bem quando inventamos a adolescência.

Nos mesmos anos, nossa cultura passou a cultivar duas imagens contrastantes e complementares: a de uma adolescência inquieta e intolerante da moratória imposta pela necessidade de se preparar para o futuro, e a de uma meia-idade em que o futuro chegou e, mesmo que ele seja parecido com o sonho, surge a pergunta: era isso mesmo? Só isso?

Mas voltemos à queixa de quem sofre da crise da meia-idade e pede alívio, químico ou psicoterapêutico.

Para aceitar uma derrota ou uma perda na nossa história, podemos pedir ajuda a um psicoterapeuta, ou podemos pedir um remédio que nos permita sofrer menos. Também podemos recorrer à mesma ajuda para lidar com sintomas ou com transtornos de personalidade que nos imobilizam e tornam nossa vida impossível.

Mas os 40 anos não são uma "doença". E se deprimir por ter chegado aos 40 não é a mesma coisa que ficar triste porque a gente perdeu alguém, separou-se ou foi demitido. Ou seja, a meia-idade não é nem um acidente nem um transtorno. Se ela acarreta uma dor específica, é uma dor que vai junto com a própria vida humana, uma dor existencial.

As dores existenciais também podem ser atenuadas, embora o caminho para se desfazer de algumas delas seja árduo. No caso da meia-idade, certamente é possível aliviar a decepção de quem aprecia as aspirações passadas, decisões, renúncias e não sabe dizer se viveu o que queria.

Mas cuidado: aliviar não implica considerar a meia-idade como se fosse um diagnóstico possível. Em outras palavras, é bom não confundir as dores da existência com transtornos que precisariam ser tratados.

NOSSAS NOITES

Imagine que você tenha 60, 70 anos – ou mais. Está sozinho ou sozinha. As "crianças", se você teve filhos, já estão longe, com a vida feita. Seu companheiro ou companheira (da vida toda ou dos últimos tempos) foi-se. Você sobrou, viúvo, separado, tanto faz.

Você está bem de saúde; apenas envelhecendo. A aposentadoria é suficiente, paga o supermercado a cada semana e, de vez em quando, um restaurante, um cinema, um teatro. E os livros; você lê, sempre leu.

Há dias em que você não fala com ninguém. Às vezes, semanas.

Você mora desde sempre, como se diz, na casa onde viveu seu tempo de casal e criou seus filhos. Talvez no mesmo bairro onde você foi, por exemplo, professor de colégio. Poderia ser uma casa vitoriana, num subúrbio norte-americano, ou um sobrado, num bairro de classe média de uma cidade brasileira, ou um apartamento, num prédio da mesma cidade.

Um dia, alguém toca a campainha da sua porta ou bate de leve. É uma vizinha, que você conhece de vista e de vocês se cumprimentarem de longe. Tem a mesma idade que você, mais ou menos; ela viveu lá a vida inteira, com o marido dela, e agora é viúva ou separada, que nem você.

"Quero fazer uma sugestão para você", ela diz. "O que acharia da ideia de ir à minha casa de vez em quando para dormir comigo?"

O quê? Como assim?

"É que nós dois estamos sozinhos. Já há muito tempo. Há anos. Eu me sinto sozinha. E acho que é possível que você também se sinta. Então fiquei pensando se você gostaria de ir para minha casa à noite e dormir comigo. E conversar."

Ela não está falando de sexo, mas de uma companhia: falar, cada um de si, "porque as noites são a pior parte. Você não acha?".

Assim começa a história de Addie e Louis, que é contada em *Nossas noites*, o último romance de Kent Haruf, que morreu em 2014, aos 71 anos. Li o livro numa sentada, e me tocou fundo, talvez pela minha idade, que avança.

Como o menino Jamie, neto de Addie, eu tinha medo do escuro quando criança. Acordava meu irmão; eu não pedia para ele ligar a luz (o interruptor estava ao lado da cama dele), só queria que ele me respondesse.

Anos depois, durante a minha análise, eu lia muita poesia e estudava alemão. Georg Trakl era um de meus poetas preferidos; fascinava-me ele ter morrido cedo e de overdose, mas, sobretudo na poesia dele, percebia o medo, que me era familiar, dos conúbios ameaçadores do silêncio com a escuridão.

Freud conta, em *Introdução à psicanálise* (1923): "Um menino, angustiado por estar no escuro, chama a tia, que está num quarto ao lado. 'Tia, fala comigo; estou com medo'; 'De que te serve que eu fale, se no escuro você não me enxergaria?' responde a tia. E o menino: 'Quando alguém fala, tem sempre um pouco de luz'".

Tenho a lembrança de uma estrofe de um poema de Friedrich Hölderlin (não sei mais qual) em que o andarilho, de noite, canta para se dar coragem. Deveria ter um adendo ao provérbio que diz que quem canta seu medo espanta: e quem conversa seu medo também espanta.

Addie e Louis são parecidos com Jamie. Eles não têm medo do escuro que está no fim do caminho, mas é porque acharam um jeito de resistir. Jamie, quando acorda no escuro, vai para a cama deles, e eles, no escuro, contam a própria vida, um para o outro. Cada um com o seu remédio.

Não seria mais fácil dormir? De novo, Hölderlin: um verso de "Pão e vinho" diz: "Besser zu schlafen, wie so ohne Genossen zu sein", melhor dormir do que estar sem companheiro. O problema é que nem sempre é fácil dormir sem companheiro.

Há uma insônia típica da terceira idade, pela qual a gente acorda de madrugada e espera a luz do dia, para poder dormir de novo. Cai bem, nessa estranha suspensão do sono, contemplar o outro que continua dormindo ao seu lado ou acordá-lo, para que converse conosco.

Nossas noites é um história de resistência à morte e ao tempo que passa, pela descoberta de que ainda é possível encontrar amizade e amor.

Os idosos sabem disso como nunca. Hoje, aliás, 80% dos adultos entre 50 e 90 anos são amorosa e sexualmente ativos.

Só não sei se os jovens aguentam isso. Os filhos sempre acham escandalosos os prazeres dos pais idosos.

E, contrariamente ao que reza a lenda, eles aguentam bem a morte dos pais, que é natural. O que eles acham contrário à natureza não é que os pais morram, mas que os pais vivam.

HÁ GUERRAS QUE NOS IMPEDEM DE AMAR

Faz um milênio que a gente acredita no extraordinário poder da paixão amorosa. Tristão e Isolda se amavam, embora Isolda fosse a esposa prometida ao rei Marco, tio de Tristão (e Tristão fosse um sobrinho leal). Lancelote e Guinevere se amavam, embora Lancelote fosse cavaleiro do rei Artur, e Guinevere fosse a esposa do mesmo rei.

Qualquer poeta, por amor pela Dama, atropelava as diferenças de classe, os laços de parentesco e as obrigações que o ligassem ao seu senhor. Não mudou muito desde então: o amor justifica qualquer transgressão. O que acontece por amor tem uma legitimidade própria, absoluta.

Também faz um milênio ou quase que o amor é o grande motor de nossas possíveis transformações. A gente se torna melhor por causa do amor: o sentimento nos modifica, e a esperança de sermos amados nos encoraja a mudar. O amor também nos eleva e nos aproxima de Deus; Beatriz, por exemplo, leva Dante até o Paraíso. Em suma, de Tristão e Isolda até *O quinto elemento*, de Luc Besson, o amor é nossa arma secreta.

Claro, muitos resistem à potência do amor. De *Romeu e Julieta* a *Amor, sublime amor*, sempre há Montecchios e Capuletos que acham inaceitável que o amor entre dois adolescentes se sobreponha a uma antiga rivalidade entre as famílias.

No caso de Romeu e Julieta, o amor custou a vida dos amantes, mas triunfou: foi por causa do amor deles que as duas famílias, debruçadas sobre os corpos inertes dos dois jovens, se reconciliaram.

Lá pelos 11 anos, descobri que o amor podia não ser correspondido. Ela se chamava C. B. e preferia alguém mais velho e, sobretudo, que soubesse esquiar. Eu, vergonha, aos 11 anos, ainda não sabia. Perdi C. B., mas passei o verão seguinte em alta montanha, num intensivo de esqui. O amor me transformou (para melhor).

Um ano depois, aos 12 anos, li *O amor e o Ocidente*, de Denis de Rougemont. Concordei em parte com o que entendi: o amor-paixão era sobrevalorizado e, no fundo, incômodo. Só não me convenceu a ideia de que, em vez de se apaixonar perdidamente, fosse melhor ter afetos e amizades cristãs com esposas e companheiras. Cheguei a um compromisso: o amor-paixão era um abismo no qual era melhor não se perder, mas, quem sabe, em vez de preferir um casamento cristão, a gente pudesse escolher a liberdade licenciosa dos libertinos? Em suma, menos amor-paixão, nada de amizade nem de amor cristão, e mais promiscuidade e mais sexo; essa me parecia a receita ideal.

A vantagem do sexo e da promiscuidade é que, contrariamente ao amor (paixão ou não), eles não exigem que o parceiro ou a parceira seja também uma alma gêmea ou coisa que valha. É possível desejar um inimigo e transar com ele; já amar um inimigo é bem mais difícil.

Por exemplo, imaginemos que Montecchios e Capuletos não se odiassem só por alguma velharia insensata, mas tivessem visões do mundo radicalmente opostas. Será mesmo que, para você, Montecchio, seria fácil amar uma Capuleto (e reciprocamente)? Será que o amor tem esse poder?

Em 2005, Bruno Barreto filmou *O casamento de Romeu e Julieta*, entre uma palmeirense e um corintiano. Duvido que a polarização política de hoje possa inspirar uma comédia parecida. Há diferenças com as quais talvez não dê para brincar.

Coisa relativamente inédita, encontro casais que se separam por incompatibilidade de ideias sociais. E encontro homens e mulheres para quem um posicionamento político parecido é uma condição do amor: sem isso, nem vale a pena tentar.

Em suma, o amor não triunfa sobre qualquer diferença. Também não é verdade que, se praticássemos o amor, não faríamos a guerra. Ao contrário, há guerras que nos impedem de amar.

Saí de *Aliados*, de Robert Zemeckis, que recomendo por isso, com uma pergunta boa para tempos polarizados: será que o amor pode se manter na diferença radical? Qual é, para você, a oposição ideal máxima que o amor pode tolerar?

"QUASE SEMPRE, DESISTIMOS DE DESEJOS, PAIXÕES E SONHOS PORQUE CUSTAMOS A ACEITAR QUE NADA SE REALIZA SEM PERDAS: POR NÃO QUERERMOS PERDER NADA, ACABAMOS PERDENDO TUDO."

A ERA DA FACILIDADE

Gostaria de escrever um livro que, desde o título, condensasse, numa palavra só, quem somos e em que mundo vivemos. Tipo Era da Turbulência, da Incerteza, dos Extremos etc.

A crítica mais banal do espírito de nossos tempos diz que estaríamos na (escandalosa) era dos prazeres imediatos. Será que eu concordaria? Certamente não, mas essa crítica é um bom exemplo, pois ela nunca é acompanhada de fatos que a justifiquem. Ela apenas pede que a gente comungue numa indignação comum.

No caso, os fatos dizem que nossa cultura é declaradamente contra os prazeres há dezoito ou dezessete séculos. Primeiro, os prazeres mandavam você para o inferno. Depois, os prazeres foram ruins para a saúde. Com o prazer, você perde a vida eterna ou, se não acreditar naquela, perde anos desta tua vida na Terra.

Mas os fatos não interessam. O que importa é a expectativa de que a afirmação (por exemplo, que nossa época seria hedonista) corresponda ao que muitos querem ouvir (no caso, para se indignar). Essa procura de consenso talvez seja o estilo que define nossa era.

Consequência, estamos na era da facilidade: não é preciso pensar nem estudar, devemos apenas propor clichês, que possam cimentar consensos. Os clichês ganham cúmplices ou esbarram em inimigos. Em ambos os casos, eles são confirmados, quer seja pela adesão dos nossos, quer seja pela recusa pelos outros.

Nada contra a facilidade: não acho que penar e se sacrificar nos ganhem mérito algum. Mas, infelizmente, a facilidade dos clichês empobrece o mundo e deixa só duas posições: a favor e contra. E eu, entre a favor e contra, sempre escolho um terceiro ou um quarto lugar, que não foram sequer mencionados.

Entende-se que o indivíduo da era da facilidade (o *Homo Fácil*) odeia os intelectuais, em geral. Não tanto porque eles teriam ideias opostas. Com as ideias opostas, o *Homo Fácil* sabe lidar: é clichê contra clichê – manda prender, quebra a cara, censura, grita mais alto etc. Intolerável para o *Homo Fácil* é o intelectual que quer discutir e para isso traz ideias diferentes, ou, pior ainda, fatos novos – ou seja, fatos que o *Homo Fácil* não tinha levado em consideração.

O intelectual detestado, em suma, é o chato que gostaria de nos obrigar a pensar e a estudar. Que saco: a gente está tão bem no conforto do nosso clichê coletivo.

Nas mídias sociais, o *Homo Fácil* se sente em casa: é uma arena de opiniões – pura ideologia, sem espaço nem tempo para fatos, pensamentos, estudo, reflexão ou diálogo.

O *Homo Fácil* é preguiçoso? É só uma nova espécie, que não quer ler, estudar e pensar? Talvez, mas não só.

Desde os anos 1960, uma espécie de neoplatonismo tomou conta de nossa visão do que significa aprender. Aos poucos, fomos nos afastando dos ensinos de conteúdo e avançando na direção de uma pedagogia pela qual tudo já estaria lá, dentro do indivíduo. Quer aprender sem esforço? Só deixe seu íntimo se expressar.

Começamos assim a encorajar nossos rebentos a ter opiniões e a formulá-las, mesmo sobre tópicos que eles ignoram totalmente.

Uma mãe, ouvindo a filha defender calorosamente uma opinião sobre assédio moral que ela (a criança) não sabe o que é: "Ela já tem opiniões, não é maravilhoso?". Eu: "Não é maravilhoso; é idiota".

Talvez a era da facilidade seja filha de uma pedagogia (recente) que não valoriza os conteúdos e preza a opinião antes que formular uma opinião digna seja sequer possível.

Tem alguma esperança de nossa cultura voltar a pensar?

Elizabeth Anderson é uma ilustre professora de filosofia moral (em Ann Arbor, Michigan, EUA). Num perfil sobre ela na *The New Yorker*, aprendi que, recentemente, ela mudou os requisitos para seus estudantes de graduação.

Em vez de pedir ensaios opinativos, nos quais eles defenderiam suas ideias e sua posição, ela pede que cada um discuta sua posição com alguém que pensa muito diferente dele, relate esse debate e explique por que e como a discussão mudou, por pouco que seja, o que ele ou ela pensavam antes disso.

Talvez não seja tarde demais para introduzir no currículo um novo tipo de dissertação.

“PARA ALGUNS, FICAR SOZINHO PODE SER UM JEITO DE SE CURAR E NÃO DE ADOECER.”

UM FIM POSSÍVEL DO RESSENTIMENTO

Estou convencido de que os anos 1960 continuam cruciais para entender o nosso mundo. Meu interesse por eles não é só nostálgico. Um entendimento melhor daqueles anos poderia nos ajudar, por exemplo, a interpretar a agitação das ruas de hoje, na Europa, na América Latina e na China.

Talvez entender o que surgiu de novo nos anos 1960 nos permita entrever o que surge hoje. E perguntar: o que eles querem? Vivi os anos 1960 em parte na Europa e em parte nos Estados Unidos. Participei da militância política estudantil (sobretudo na Itália), mas hoje me parece que a contracultura americana me moldou mais do que a militância política.

Essa separação entre contracultura e militância, de qualquer forma, não era estanque. Nos EUA, não havia só desbunde, mas também militância: pelos direitos civis e contra a guerra no Vietnã. E, inversamente, no maio francês ou na Itália em 1969, não havia só militância sisuda, mas sexo, droga e rock and roll (quem participou de uma ocupação de universidade em 1968 ou 1969 só pode concordar).

Mais tarde, tentando definir os anos 1960, coexistiram duas vulgatas: uma dizia que o que importou foi o desbunde, outra dizia que o essencial foi o esquerdismo.

Os que resumem a contracultura dos anos 1960 ao desbunde parecem sofrer por não terem sido convidados. Eles não se consolam de ter perdido a festa – porque não tinham nascido ou porque eram chatos demais –, por isso acham que todo o mundo pegava todo o mundo e se divertia loucamente.

De qualquer forma, como já lembrei outra vez, o tal desbunde não era uma exclusividade da contracultura: nas casas de Los Angeles e nos apartamentos de Nova York, nos anos 1960, a festa corria mais solta do que nos acampamentos de hippies.

E do lado da militância política? O 1968 europeu não foi a inspiração da luta armada na Alemanha e na Itália nos anos 1970?

Minha resposta, hoje, é que os anos 1960 não inventaram nem o desbunde nem a militância radical, que nasceu como ramificação das esperanças frustradas da esquerda tradicional. Então, os anos 1960 não inventaram nada? Inventaram, sim, e praticaram uma maneira original de estar no mundo.

Para os amigos heideggerianos: os anos 1960 inventaram um novo "ser-aí-no-mundo". Que maneira era essa? Era um encantamento, um despertar da atenção e, enfim, uma disposição à errância e à liberdade. Por isso, as grandes testemunhas da época não foram os teóricos ou os programáticos, mas os poetas.

Aliás, para entender imediatamente o espírito dos anos 1960, basta ler hoje os mais recentes livros de Patti Smith, *Devoção* e *O ano do macaco*. Smith é a última grande intérprete de um espírito que nasceu nos anos 1960 e que ainda vive, por exemplo, nos escritos dela.

Ler os dois livros basta para sentir a tal maneira diferente de estar no mundo. Qual? Um novo jeito de estar no mundo sempre passa por uma mudança de valores. E qual teria sido a principal mudança de valores proposta pelos anos 1960?

Outro dia, fui convidado a participar da comemoração dos dez anos da Empiricus – Publicações Financeiras. Escolhi tratar um pouco o dilema clássico dos últimos anos: a dificuldade de nossas sociedades é a desigualdade (como parecemos acreditar desde que Piketty publicou *O capital no século XXI*) ou é a pobreza – seja qual for a desigualdade?

Cheguei à conclusão de que a desigualdade só é relevante porque, desde o começo do século 19, grosso modo, Nietzsche se confirma: o sentimento social dominante parece ser o ressentimento. A ponto que toda esperança revolucionária está atrelada à esperança de uma revanche: os de baixo se mudarão para o andar de cima.

Que tal se a verdadeira revolução pouco tivesse a ver com uma revanche, mas consistisse em cada um descobrir nele mesmo as condições de realizar quem ele é? Nesse caso, de fato, a desigualdade se tornaria apenas uma forma possível de diferença.

Claro, estou sonhando: para isso acontecer, precisaria que, primeiro, acabássemos com todas as formas de miséria que são impeditivas da vida concreta.

Mas, se isso acontecer um dia, talvez a gente se lembre que os anos 1960 sonharam com uma igualdade maior do que a igualdade econômica e maior do que a igualdade perante a lei. Os anos 1960 sonharam com a igualdade na possibilidade de cada um seguir o seu desejo.

TODOS OS SONHOS DO MUNDO

Anteriormente, tentei resumir ao essencial a herança dos anos 1960 – ao menos, a herança que eles deixaram em mim. Escrevi que os anos 1960 não inventaram nem o desbunde nem a militância radical de esquerda. Então inventaram o quê? A proposta mais relevante daqueles anos me parece ter sido (e ainda ser) a de cada um ter de descobrir nele mesmo quem ele é e, claro, viver de acordo com isso.

É uma ideia bonita, que se tornou, aliás, um bordão de marketing feito para nos encorajar a sermos únicos e inventarmos um estilo nosso, inconfundível. Procure na internet *be yourself* [seja você mesmo].

Em primeiro lugar, vai aparecer a música homônima do Audioslave (o extraordinário grupo de rock americano), cantada por Chris Cornell, com o inesquecível verso do coro: "To be yourself is all that you can do", ser você mesmo é tudo o que dá para fazer. Hoje, escutando, penso no suicídio de Cornell, e as letras parecem dizer o caráter impossível e desesperado da tentativa de sermos nós mesmos.

Continuando nos milhões de resultados de sua busca na net, você logo encontra títulos de autoajuda, alguns péssimos, outros bons, tanto faz, mas quase todos pressupondo a ideia de que sinceridade, singularidade e autenticidade sejam os caminhos ideais para curar a timidez, resolver as angústias sociais, aprender a gostar de nós mesmos e encontrar sentido para a nossa vida. O título de que mais gostei: "Seja você mesmo, todos os outros lugares, de qualquer forma, estão já ocupados".

Seja você mesmo evoca o sonho antigo de realizarmos nossas potencialidades: viemos ao mundo para sermos tudo o que podíamos ser. Não é raro que alguém procure uma psicanálise justamente com a ideia de cavar até descobrir quem ele seria em seu âmago, para poder, a seguir, autorizar-se a se soltar e revelar assim quem é.

Não funciona desse jeito: não somos brotos esperando vingar. Talvez não sejamos nada em potência – é bem provável que a gente só se conheça depois dos fatos, ao longo e no fim da vida, olhando para trás e descobrindo assim que somos o que fomos, ou melhor, o que conseguimos ser.

Por isso mesmo, para saber quem somos, importa dar ouvidos a nossas próprias histórias. E tanto faz que elas sejam banais ou extraordinárias, heroicas ou tranquilas, tristes ou jocosas; se soubermos escutá-las e contá-las, elas dirão nossa razão de ser, a beleza, a miséria e a eventual grandeza de nossa vida.

Os anos 1960, promovendo a tarefa de sermos nós mesmos, revelaram que é possível, e talvez necessário, ter carinho por qualquer vida.

Entre as leituras que, naqueles anos, me transformaram e me imbuíram do espírito da época, além dos *beats* (Ginsberg, Kerouac, Ferlinghetti), há uma obra mais antiga, publicada em 1915, que descobri justamente nos anos 1960, numa montagem teatral de Charles Aidman, na Broadway: *Spoon River Anthology*, de Edgar Lee Masters. É uma coleção de epitáfios que os próprios mortos recitam a quem visitar o cemitério.

Inicialmente, os habitantes de Lewistown, Illinois, onde Lee Masters viveu sua juventude, acharam odioso o retrato dos reles e miseráveis "casos" de seus mortos. Mais tarde, entenderam que o murmúrio indiscreto dos hóspedes de seu cemitério, de fato, celebraria a vida concreta de sua cidade. E homenagearam Edgar Lee Masters com uma estátua, bem no cemitério de Oak Hill.

O amor pela vida concreta e cotidiana, com o que ela tem de mesquinho ou de grandioso, talvez explique o interesse de minha geração pela psicanálise – em todo caso, explica o meu.

Dois livros de Patti Smith, *Devoção* e *O ano do macaco*, serviram de exemplo para mostrar que o espírito dos anos 1960 não morreu. Outro exemplo disso é a peça *Todos os sonhos do mundo*, de Ivam Cabral e Rodolfo García Vázquez. Ivam Cabral, em cena, conta sua trajetória, suas batalhas contra a depressão e, sobretudo, sua origem em Ribeirão Claro, Paraná.

Ribeirão tem personagens que valem os da *Spoon River Anthology*. Não podendo assistir à peça, leia, no livro, a "história de Jane que peidou". E não se preocupe: sua maior tristeza, no fim, será porque acabou.

PARTE DOIS

uma cultura
que pensa

“A BELEZA É TREMENDAMENTE TRAIÇOEIRA. DEVE SER POR ISSO QUE A GENTE DIZ QUE AS COISAS PODEM SER LINDAS DE MORRER.”

FUNDAMENTOS DA MORAL

Num belo dia de 1760 ou por aí, Denis Diderot recebe a notícia de que Jean-Jacques Rousseau desistiu de escrever o verbete "Moral" da grande *Enciclopédia*, da qual Diderot é um dos editores-chefes. A impressão do décimo volume da obra está parada, à espera do texto. A solução é Diderot escrevê-lo ao longo de uma tarde durante a qual várias circunstâncias colocam à prova, justamente, a moralidade do filósofo.

Essa é a situação apresentada na peça *O libertino*, de Eric-Emmanuel Schmitt, que foi adaptada e dirigida por Jô Soares, com o brio alegre de uma farsa de Feydeau ou de uma comédia de Goldoni. Um provérbio latim diz que, rindo, a comédia critica os costumes. *O libertino* nos leva não só a criticar nossos costumes, mas a examinar os frágeis fundamentos de nossas normas morais. Vamos com calma.

O evento apresentado na peça é uma ficção. O verbete "Moral", como quase um terço da *Enciclopédia* de Diderot e d'Alembert, foi escrito pelo cavalheiro Jaucourt, que, sozinho, redigiu mais de 17 mil verbetes, até merecer o apelido de "escravo da *Enciclopédia*". O cavalheiro era culto e sem brilho: o verbete "Moral" é um texto chato, com uma ou outra afirmação ousada. Por exemplo, Jaucourt escreve que a moral é um investimento mais seguro do que a fé, porque um ateu virtuoso pode se salvar, enquanto não há salvação para um crente vicioso. Mas o que é virtuoso e o que é vicioso?

É fácil responder, se acreditarmos numa revelação divina. Mais complicado é fundar uma moral laica, inspirada pela razão. Jaucourt sugere apostar no número, notando que os povos civilizados concordam quanto aos pontos essenciais da moral, ao passo que podem discordar totalmente em matéria de fé religiosa.

Talvez o aprimoramento mais recente do argumento de Jaucourt seja o de John Rawls. Em *Justiça como equidade*, Rawls propõe que a gente aceite como normas sociais morais aquelas que aprovaríamos por unanimidade, caso todos nos esquecêssemos completamente de nossa etnia, de nosso status, de nosso gênero e de nossa concepção do bem. Essa amnésia fundaria nossa moral, pois, graças a ela, seriam aprovadas só as normas que servissem ao bem de todos. Laborioso, hein?

Seja como for, as sugestões de Jaucourt e de Rawls valem sobretudo para a moral pública. Mas como se fundamenta a moral privada, que nos orienta na escolha do bem e do mal no dia a dia? Essa é a questão com a qual *O libertino* nos faz rir e pensar.

Na peça, Diderot está hospedado na casa do Barão d'Holbach, por cuja filha ele é seriamente tentado. O Barão d'Holbach era ele mesmo um contribuidor da *Enciclopédia*. No seu "sistema da natureza", o barão avançava a ideia de que a virtude moral deveria estar a serviço de nossa felicidade. Então Diderot, escrevendo seu verbete, tenta adotar este argumento, que d'Holbach desenvolvera até ao paradoxo: se um homem for feliz no vício (e não na virtude), de repente, o vício seria legitimamente sua moral. Problema.

O Barão d'Holbach era ateu e materialista. Questão: se o homem é uma máquina sem alma, ele não tem liberdade de escolha, e, se ele não é livre, a própria ideia de moral perde seu sentido. Mais um problema.

Como você escreveria o verbete "Moral" de sua enciclopédia pessoal? E lembre-se: você não tem o conforto de acreditar numa revelação divina, nem está convencido de que sabemos resistir livremente a nossos impulsos e desejos.

Lembre-se também de escrever seu verbete numa tarde em que, como Diderot, 1) você é tentado pelo adultério, embora ame sua mulher; 2) você gostaria de seduzir a filha de um amigo, a qual tem a idade de sua filha; 3) você professa opiniões avançadas, mas não quer que elas valham no caso de sua filha; 4) você é seduzido pelo charme de uma criminosa, a ponto de se perguntar se, no fundo, os valores estéticos não deveriam ser mais importantes que os valores morais (não se escandalize: há românticos e modernos para pensar exatamente isso).

Mais uma coisa: se você for mulher ou tiver preferências diferentes das de Diderot, apenas mude o gênero no parágrafo acima.

“COMO SE APAIXONAR PELA VIDA ESPERANDO DELA APENAS O ORDINÁRIO?”

AGIR PARA FAZER BONITO

Os psicólogos desconfiam um pouco da expressão força de vontade, à qual todo mundo recorre (sobretudo para denunciar as fraquezas – as nossas e as dos outros), mas sem que a gente saiba direito o que ela designa.

Por isso, estou lendo *Willpower: Rediscovering the Greatest Human Strength* [A força de vontade: redescobrindo a maior força humana], de R. Baumeister (um psicólogo que aprecio) e J. Tierney (jornalista do *The New York Times*). O livro me fez conhecer o site www.stickK.com, que foi criado, aliás, para servir de amostra para pesquisas.

No site, o usuário se engaja contratualmente a cumprir um plano que implique um engajamento sério, se não uma reorientação de vida – desde o trivial, como emagrecer ou parar de roer as unhas, até metas, aspirações, desejos e ambições que justificam uma existência, passando por aquelas experiências irrenunciáveis que alguém quer ter ao menos uma vez antes de morrer.

Ao escolher sua resolução, o usuário é convidado a nomear um árbitro: alguém próximo, que não seja um cúmplice qualquer e que possa, portanto, confirmar honestamente os progressos que o usuário declarará conseguir, no diário de seus esforços, que fica acessível no site.

Além do árbitro, o usuário é também encorajado a escolher um número indefinido de amigos, que serão informados de seu propósito inicial e de seus avanços ou fracassos (eles terão acesso ao diário e aos comentários do árbitro). Na hora em que ele declara seu propósito, o usuário também estabelece uma punição para si mesmo, caso ele fracasse.

Essa punição pode ser moral (um e-mail contando a história do malogro para uma lista de amigos e conhecidos) e/ou financeira – por exemplo, uma doação para a instituição que o usuário mais deteste.

A análise de 125 mil contratos feitos nos últimos três anos indica que os usuários que não nomearam um árbitro ou não se impuseram punições financeiras chegaram a um resultado positivo só em 35% dos casos. E a porcentagem de sucessos foi de 80% quando houve árbitro, amigos e punição financeira.

Existem experiências similares. Nas Filipinas, houve fumantes que depositavam a cada dia um dinheiro que eles perderiam se, depois de seis meses, houvesse rastos de nicotina em sua urina (o cigarro é poderoso: mais da metade perdeu seu depósito – em compensação, os que conseguiram pararam de fumar de vez). E houve a Dieta da Humilhação Pública, de Drew Magary, que se engajou a tuitar seu peso a cada dia e conseguiu assim perder 30 quilos em cinco meses.

À primeira vista, em suma, não agimos segundo o que achamos certo, por "força de vontade", mas para evitar punições e vergonhas. Ou seja, não somos nunca verdadeira e corajosamente bons, apenas queremos fazer bonito e não perder dinheiro (ainda menos em prol de nossos inimigos).

Haverá moralistas para dizer que a sociedade contemporânea nos transforma nesses invertebrados morais – sem princípios, apenas interessados na opinião dos outros e em nosso interesse imediato. Mas, nos exemplos de Baumeister e Tierney, eu não vejo um sinal de decadência moral – ao contrário.

Claro, como muitos, eu mesmo acharia mais fácil ser dotado de um caroço moral, do qual eu pudesse dizer: "Este sou eu, quer os outros me reconheçam ou não, e tanto faz que eu seja recompensado ou punido por isso".

Mas não é o caso de sermos nostálgicos. Nas sociedades tradicionais (presentes, passadas ou futuras), menos ainda do que hoje, os cidadãos tampouco dispõem de um caroço moral. Eles agem por medo da punição – agora ou no além. E eles agem por vergonha, diante de grupos instituídos de anciões, padres, pastores ou notáveis.

No conjunto, quanto à punição, eu prefiro arriscar o que eu mesmo apostei ao assinar meus contratos. E, quanto à vergonha, prefiro que seja diante dos pares com quem eu me engajei, ou então, diante da sociedade inteira.

Ou seja, sem ironia, como penso há tempos, nossa época é mais de progresso do que de decadência moral.

"A VIDA É AVENTURA (E É BOA) QUANDO ELA MERECE SER NARRADA."

PARA QUE SERVEM AS FANTASIAS?

Na minha adolescência, em Milão, no Carnaval, era raro que alguém promovesse uma festa à fantasia. Em geral, os poucos estabelecimentos que alugavam fantasias propunham figurinos abandonados por companhias de teatro falidas: a festa cheirava a naftalina, de dar dor de cabeça.

Antes disso, na minha infância, as mães fantasiavam suas crianças e as levavam pelas ruas. No meu caso, isso acontecia em Veneza, onde, por sorte, havia mais crianças fantasiadas do que em Milão – eu não era a única vítima dessa inspiração materna.

Mais tarde, imaginei que, com aqueles passeios de fantasia, minha mãe quisesse me mostrar que, na vida, é sempre possível ser outro: Pulcinella, Arlequim, Scaramouche e, muitas vezes, Pierrot.* A prevalência de Pierrot demonstra, aliás, que, fantasiando-me, ela não pretendia me ensinar um atalho para chegar à eterna felicidade; o que lhe importava me transmitir era só a alegria de se reinventar, de ter uma vida variada – feliz ou triste, como a de Pierrot, tanto fazia.

---

* Pulcinella, Arlequim, Scaramouche e Pierrot são máscaras da Commedia dell'arte, teatro popular italiano com personagens fixos e cômicos, cheios de gestos e improviso. (N.E.)

De qualquer forma, na época, eu criticava aqueles passeios. Era para todos acharem que eu era outra pessoa? Fracasso: não íamos enganar ninguém, visto que ela não estava fantasiada, e os vizinhos, reconhecendo-a, saberiam imediatamente que a criança era eu.

Esse raciocínio era bem veneziano. Na Veneza antiga, havia as máscaras de nariz comprido, no qual as pessoas socavam ervas que filtrassem as pestilências, e havia, Carnaval ou não, a vontade de se deslocar pelas ruelas da cidade no anonimato. Os venezianos protegiam sua vida privada (política e amorosa) vestindo todos capa e tricórnio pretos com a mesma máscara básica, branca ou preta.

Essas máscaras para preservar o anonimato eram, por assim dizer, fantasias para poder continuar sendo si mesmo (no caso, às escondidas). No Carnaval de Veneza hodierno, na rua ou nos bailes, máscaras e fantasias não servem mais para que possamos ser nós mesmos anonimamente, mas para que o sonho ou a ilusão de podermos ser diferentes sejam reconhecidos por todos, numa espécie de reciprocidade: te felicito por tua fantasia se você me felicita pela minha.

Em suma, já houve fantasias para sermos nós mesmos e, hoje, há sobretudo fantasias para sonhar e fingir ser outro. Não desdenho essa função da fantasia. Afinal, talvez fosse para manter vivo o sonho ou a ficção de ser outro que minha mãe me levava fantasiado pelas ruas.

Passei o feriado no Rio, onde o Carnaval de rua voltou, com a multiplicação dos blocos e com um clima permanente (e civilizado) de festa no asfalto (o da zona sul, no mínimo). Tanto na rua como na Sapucaí, hoje a fantasia me parece servir mais para sonhar em sermos outros do que para autorizar lados escondidos de nós mesmos, que a fantasia, por assim dizer, permitiria.

Mas eis que alguns amigos não concordam: segundo eles, as fantasias serviriam, justamente, para que ousemos ser nós mesmos. Os antigos venezianos, para agir "soltos", precisavam apenas do anonimato – e por isso se fantasiavam.

Nós, para chegarmos à mesma "soltura", precisaríamos vencer poderosas inibições; a fantasia (com a ajuda da cerveja) nos levaria a acreditar que, uma vez fantasiados, sendo um pouco diferentes, estaríamos (até que enfim) à altura de nossos próprios impulsos reprimidos.

Prova disso, acrescentam os mesmos amigos, são os excessos sexuais que acontecem no Carnaval: tudo seria permitido porque, por um instante, achamos que não somos nós, é a fantasia que cai na gandaia.

De fato, existe um lugar-comum, segundo o qual, no Carnaval, a gente se permitiria perigosos excessos sexuais – é por isso que o Ministério da Saúde concentra suas campanhas de prevenção no Carnaval. Mas é apenas um lugar-comum.

Foi publicada já em 2010 uma pesquisa intitulada "Há aumento de DST* no Carnaval?" (prolongando a dissertação de mestrado de Wilma Nancy Campos Arze) que mostra o seguinte: durante o Carnaval, em matéria de sexo, não pode acontecer nada muito diferente do de sempre, visto que, como consequência do Carnaval, não aumentam nem as infecções por doenças sexualmente transmissíveis nem as gravidezes indesejadas.

Conclusão: a ideia de que o Carnaval seja um momento orgiástico, em que soltamos desejos reprimidos, é apenas um aspecto do sonho de sermos um pouco diferentes do que somos - ou seja, é apenas mais uma fantasia de Carnaval.

---

* Doença Sexualmente Transmissível (DST) foi substituído oficialmente por Infecção Sexualmente Transmissível (IST), por representar de forma mais adequada o fato de que nem todas as infecções apresentam sintomas ou evoluem para doenças. A mudança foi adotada pelo Ministério da Saúde do Brasil a partir de 2016. (N.E.)

MODERNIDADE TRISTE?

No século 4 da nossa era, nos mosteiros da Europa, a tristeza, *accidia* em latim, era considerada pecado grave, e as regras monásticas se esforçavam para identificá-la e combatê-la. Mesmo assim, muitos monges continuavam tristes.

A Europa era uma desolação. Das janelas de seus oásis de (relativa) tranquilidade, os monges podiam enxergar o horror. A cultura clássica, grega e romana, era esquecida – ignorada pela imensa maioria de iletrados ou perdida no descaso pelos manuscritos antigos. A derrocada do Império Romano transformara o território em uma terra de ninguém, em que o poder ficava com as hordas de mercenários e bandidos ocasionais. Suficiente para qualquer um ficar triste.

Mas talvez haja uma razão menos contingente para a tristeza aparecer como uma nova aflição bem na hora em que a cultura clássica deixava seu lugar ao cristianismo. É irônico, aliás, que a dita tristeza ameaçasse logo os monges, que eram guardiões dos textos gregos e romanos que sobravam, mas que também praticavam o palimpsesto, a arte de apagar os manuscritos antigos para usar os pergaminhos novamente, copiando os textos da nova religião.

Note-se também que, desde a acídia dos monges, a tristeza parece ter se tornado um traço distintivo da cultura ocidental e, especificamente, da modernidade, do *spleen** romântico até a depressão clínica, hoje diagnosticada a esmo. Por que, então, seríamos culturalmente tristes?

Naquele momento, no século 4, morria uma cultura para a qual o que importava era viver o momento, e nascia outra, para a qual nossa vida era apenas uma provação, pela qual ganharíamos ou perderíamos a chance de uma suposta eternidade feliz.

Desde então, é como se a vida que importa nunca mais fosse a que estamos vivendo; o pátio de casa não basta, somos infelizes e insatisfeitos porque a vida "verdadeira" nos espera lá aonde ainda não chegamos.

A cultura clássica, que morria, tinha valorizado um estilo de vida norteado por um uso discreto e constante dos deleites da mente e da carne. A cultura cristã, que nascia, apontava no prazer um parente do vício e valorizava o sacrifício e a renúncia, como se Deus tivesse um apreço por nosso sofrimento.

Não sei por que Deus reconheceria algum mérito nas renúncias da gente. Freud responderia, provavelmente, que esta é a função social da religião: controlar nossos impulsos, impondo as renúncias que são necessárias para que a convivência social se

---

* *Spleen*: espécie de melancolia saudosista, de tédio existencial, de angústia, isolamento e pessimismo frequentemente expressada nas obras de Baudelaire e de Lord Byron. (N.E.)

torne possível. Muitos iluministas pensaram a mesma coisa.

Graças ao cristianismo, ao considerar castigos e recompensas na eternidade, nós nos tornaríamos governáveis – sem medo do além, não haveria convívio possível (o paradoxo aqui é que essa consideração não inibiu a própria Igreja, que durante séculos e séculos foi uma instituição de crueldade inaudita).

A cultura clássica – Epicuro, por exemplo – preferia tratar os humanos como adultos e apostar que eles se disciplinariam sem ter que acreditar em um além e sem precisar de um mercado de punições e prêmios eternos: a consciência da finitude da vida seria suficiente para torná-los comedidos e dignos.

Em um jantar na casa de Thérèse Parisot, em dezembro de 1970 (sei a data pois a conversa foi sobre as condenações dos processos de Burgos),* Jacques Lacan, o psicanalista francês, chegou com um pequeno volume in-octavo. Era um panfleto anônimo, segundo o qual o verdadeiro messias não era Cristo, mas Epicuro (peço que se manifestem os bibliófilos

---

* Série de julgamentos no tribunal militar que aconteceu na Espanha em dezembro de 1970, condenando dezesseis membros do movimento separatista basco, Euskadi Ta Askatasuna (ETA), sendo seis deles à morte. Terminaram num polêmico indulto após mobilizações internacionais. (N.E.)

que reconhecerem o livro). Certamente, a obra era a provocação de um libertino do século 17 ou 18.

Mas a questão continua valendo: será que uma modernidade seria possível sem a desvalorização do momento presente e sem a repulsa ao prazer que são partes da mensagem cristã e que talvez sejam a fonte de nossa tristeza crônica?

Qual modernidade seria possível com Epicuro, e não contra ele? Somos modernos graças ao cristianismo ou somos modernos graças ao materialismo e à disciplina dos prazeres que atravessaram a modernidade perseguidos e silenciados pelo cristianismo?

Para inventar uma resposta, um livro imperdível: dos ensaios que li nos últimos quinze anos, nenhum me prendeu e me tocou tanto quanto *A virada: o nascimento do mundo moderno*, de Stephen Greenblatt.

QUAL ROMANCE VOCÊ ESTÁ LENDO?

Sempre pensei que fosse sábio desconfiar de quem não lê literatura. Ler ou não ler romances é para mim um critério. Quer saber se tal político merece seu voto? Verifique se ele lê literatura. Quer escolher um psicanalista ou um psicoterapeuta? Mesma sugestão.

E, cuidado, o hábito de ler, em geral, pode ser melhor do que o de não ler, mas não me basta: o critério que vale para mim é ler especificamente literatura: ficção literária.

Você dirá que estou apenas exigindo dos outros que eles sejam parecidos comigo. E eu teria que concordar, salvo que acabo de aprender que minha confiança nos leitores de ficção literária é justificada.

Algo em que eu acreditava intuitivamente foi confirmado em pesquisa que acaba de ser publicada pela revista *Science*, "Reading Literary Fiction Improves Theory of Mind" [Ler ficção literária melhora a teoria da mente], de David C. Kidd e Emanuele Castano.

Uma explicação. Na expressão "teoria da mente", teoria significa visão (esse é o sentido originário da palavra). Em psicologia, a teoria da mente é nossa capacidade de enxergar os outros e de lhes atribuir de maneira correta crenças, ideias, intenções, afetos e sentimentos.

A teoria da mente emocional é a capacidade de reconhecer o que os outros sentem e, portanto, de experimentar empatia e compaixão por eles; a teoria da mente cognitiva é a capacidade de reconhecer o que os outros pensam e sabem e, portanto, de dialogar e de negociar soluções racionais. Obviamente, enxergar o que os outros sentem e pensam é uma condição para ter uma vida social ativa e interessante.

Existem vários testes para medir nossa teoria da mente. Os mais conhecidos são o RMET ou o DANVA, testes de interpretação da mente do outro pelo seu olhar ou pela sua expressão facial. Em geral, esses testes são usados no diagnóstico de transtornos que vão desde o isolamento autista até a inquietante indiferença ao destino dos outros da qual dão prova psicopatas e sociopatas.

Kidd e Castano aplicaram esses testes em diferentes grupos, criados a partir de uma amostra homogênea; 1) um grupo que acabara de ler trechos de ficção literária; 2) um grupo que acabara de ler trechos de não ficção; 3) um grupo que acabara de ler trechos de ficção popular; e 4) um grupo que não lera nada.

Conclusão: os leitores de ficção literária enxergam melhor a complexidade do outro e, com isso, podem aumentar sua empatia e seu respeito pela diferença de seus semelhantes. Com um pouco de otimismo, seria possível apostar que ler literatura seja um jeito de se precaver contra sociopatia e psicopatia. Mais duas observações.

A primeira é que a pesquisa mede o efeito imediato da leitura de trechos literários. Não sabemos se existem efeitos cumulativos da leitura passada (hoje não tenho tempo, mas "já li muito na adolescência"): o que importa não é se você leu, mas se está lendo.

A segunda é que a pesquisa constata que a ficção popular não tem o mesmo efeito da literária. A diferença é explicada assim: a leitura de ficção literária nos mobiliza para entender a experiência das personagens:

- "Como na vida real, os mundos da ficção literária são povoados por indivíduos complexos cujas vidas interiores devem ser investigadas, pois são raramente de fácil acesso."
- "Contrariamente à ficção literária, a ficção popular [...] tende a retratar o mundo e as personagens como internamente consistentes e previsíveis. Ela pode confirmar as expectativas do leitor em vez de promover o trabalho de sua teoria da mente."

Em suma, o texto literário é aquele que pede esforços de interpretação por aquelas caraterísticas que foram notadas pelos melhores leitores do século 20: por ser ambíguo (William Empson), aberto (Umberto Eco) e repleto de significações secundárias (Roland Barthes).

Na hora de fechar esta coluna, encontro a mesma pesquisa comentada na seleção do *The New York Times* oferecida semanalmente pela *Folha*.

A jornalista do *Times* pensou que a leitura literária, ajudando-nos a enxergar e entender os outros, facilitaria nossas entrevistas de emprego ou nossos encontros românticos.

Quanto a mim, imaginei que, na próxima vez em que eu for chamado a sabatinar um candidato, não esquecerei de perguntar: qual é o romance que você está lendo? E espero que o candidato mencione um livro que conheço, para verificar se está falando a verdade.

JÁ FOI MAIS FÁCIL SER POETA

Alguns leitores me pediram para contar mais sobre a vigília de poesia (num sentido que inclui música, dança e performance) que ocorre na igreja de Saint Mark, no East Village de Nova York.

Na origem, há as leituras públicas nos cafés do bairro nos anos 1950 e no começo dos 1960. Em 1966, o Poetry Project (projeto poesia) se formalizou, e as leituras se mudaram para a igreja anglicana de Saint Mark, cujo reitor era um protetor das artes. Em 1974, foi a primeira maratona de poesia no Ano-Novo; leram seus poemas William S. Burroughs, John Cage, Gregory Corso, Allen Ginsberg, Peter Orlovsky e Patti Smith – isso, para lembrar os mais famosos.

Na semana passada, era o quadragésimo aniversário da maratona. Cento e quarenta poetas leram seus poemas. Muitos homenagearam o amigo Lou Reed, que acabara de morrer. Fiquei seis horas; escutei, por exemplo, Philip Glass tocar piano e Patti Smith ler algo do novo livro que está escrevendo (duas páginas sobre o fim de *Blade Runner – o caçador de androides*, de Ridley Scott).

Anne Waldman é uma poeta ligada aos *beats* desde o começo. Sua performance me lembrou as leituras de Allen Ginsberg que presenciei nos anos 1960 em Nova York e em Milão – não tanto pelos temas quanto pela entonação profética. Pensei que não deve ser fácil fazer poesia na sombra de "Howl", o grande poema de Ginsberg ("Uivo", mas eu preferiria "Gemido" ou "Berro").

"Vi os melhores espíritos de minha geração destruídos pela loucura, famélicos histéricos nus, se arrastando na primeira luz do dia pelas ruas dos bairros negros à procura de uma seringa raivosa." Aquele começo, ainda hoje, força qualquer leitor a contar, do seu jeito, o desperdício de sua geração. Mas o drama do sacrifício dos melhores, neste começo de milênio, parece fazer falta.

Cadê a heroína injetável dos anos 1950 e 1960? Cadê a Guerra do Vietnã, que devorava as vidas nos anos 1970? As guerras de hoje são menos imediatamente absurdas; no mínimo, elas invocam uma necessidade de defesa. A geração dos anos 1980 esbarrou em outro desperdício: todos, naquela década, vimos os melhores morrendo invadidos pela Aids, como se um demônio invejoso se vingasse dos prazeres que eles tinham ousado se permitir.

E agora, nos últimos quinze anos, o que sobrou para alimentar a ideia do destino trágico dos melhores (e, por fim, da gente)?

Hoje, é mais fácil esquecer a tragédia e escolher o sarcasmo: os melhores espíritos de nossa geração, em vez de se arrastar pelas ruas dos bairros negros, passam a noite na fila para ser os primeiros a comprar um novo smartphone.

Talvez seja melhor assim: smartphone é mais saudável que heroína (não é?). Mas, convenhamos, a heroína é muito mais poética do que o smartphone: ainda vale entre nós o modelo romântico do artista atormentado pelo trágico de sua condição.

Fui assistir à nova versão do musical *Pippin*, de Stephen Schwartz e Bob Fosse (que foi coreógrafo da montagem original, mas também contribuiu ao texto). *Pippin* foi montado no Brasil (de maneira memorável, segundo me dizem) por Flávio Rangel, em 1974, com Marco Nanini e Marília Pêra.

O jovem Pippin quer ter uma vida justificada por empreendimentos extraordinários; ele tem a certeza atormentada de ser destinado a coisas maiores do que a simples repetição da vida dos pais.

No fim, todos esperam que Pippin queime como um Ícaro que quis voar alto demais; com isso, ele será lembrado por sua bela morte. Na versão original, Pippin renuncia a seus sonhos e se deixa enredar na banalidade cotidiana. Na nova versão, ele também desiste, mas o enteado dele toma seu lugar e começa a sonhar com as mesmas glórias confusas.

O musical é assim uma meditação (divertida e séria) sobre as inevitáveis aspirações abstratas da juventude, que nos afastam da vida – pois, diante delas, tudo perde relevância.

Os furores da juventude e o ideal romântico do artista (que, de preferência, aliás, deve morrer jovem) nascem na mesma época, no fim do século 18, quando a liberdade e seus sonhos (de um futuro sempre extraordinário) tornam-se, de fato, possibilidades concretas e inquietantes.

Pergunta aos pós-românticos: como se apaixonar pela vida esperando dela apenas o ordinário?*

---

* Para conhecer o Poetry Project, visite: https://www.poetryproject.org/.

O AMOR ENTRE PAIS E FILHOS

Assisti a *Rei Lear* no Teatro Eva Herz, em São Paulo. Sabia que Geraldo Carneiro tinha transformado o drama de Shakespeare num monólogo; mas não é bem isso: é uma peça em que um único ator, Juca de Oliveira, brilhantemente encarna Lear e todos os seus interlocutores.

Enfim, escutando esse novo *Rei Lear*, algo mudou no meu entendimento da peça, a ponto que, uma vez em casa, quis verificar se o que eu tinha ouvido estava mesmo no texto de Shakespeare. E claro que estava. Explico.

Qual era, até agora, minha versão simplificada de *Rei Lear*? Lear, cansado de governar, quer dividir seu reino entre as três filhas. Na hora de fazer essa extraordinária partilha em vida, ele quer que as filhas lhe cantem uma seresta, declarando seu amor (que ele espera ser grande). Goneril e Regan se derretem em declarações apaixonadas. Cordélia, a caçula, não consegue se expressar ou não sabe o que dizer e acaba suscitando a ira do pai, que a deserda. Mais tarde, depois de ter recebido a herança, Goneril e Regan renegarão o pai. Enquanto Cordélia, deserdada, cuidará dele.

Na primeira cena do primeiro ato, Lear sempre me parecia ser mais bobo do que seu bobo: quem muito gosta de ser amado se torna uma vítima fácil da bajulação e acaba confundindo amor verdadeiro e amor fingido. Em contraponto, o problema de Cordélia parecia ser a timidez, a falta de oratória e uma sinceridade obstinada, digna de melhores causas.

Escutando a tradução (bonita e exata) de Geraldo Carneiro, dei-me conta de que, tudo bem, Cordélia pode ser pouco hábil, mas, aquém ou além disso, ela responde ao pai com precisão, declarando que ela o ama como ela deve, ou seja, que o amor dela corresponde ao que se espera de uma filha.

"I love your majesty. According to my bond; nor more nor less": amo vossa majestade como é meu dever (de filha); nem mais nem menos.

Para Cordélia, aparentemente, o sentimento que é *devido* a um pai é maior e mais importante do que qualquer amor proclamado e exibido. O problema é que Lear parece pensar e sentir diferente e, por consequência, ele espera mais.

Shakespeare vive e escreve na época em que os sentimentos se tornam o fundamento mais legítimo da ação. É o que acontece com Romeu e Julieta: os dois se amam, e esse sentimento nos parece mais justo do que o antigo rancor entre as famílias. Irresistivelmente, a gente torce pelos amantes, enquanto Montecchios e Capuletos nos parecem restos de um passado que não entende a importância do amor.

O Rei Lear é tão moderno quanto Romeu, Julieta e seus espectadores: o que vale para Lear é o sentimento; para ele, o sentimento (exatamente como para nós, modernos) é a maior garantia do laço. Ou seja, se elas me amam, elas são minhas filhas; e aquela que diz que me ama por dever não me ama o suficiente para ser minha filha.

Se minha filha diz que *deve* me obedecer, honrar e amar *em retorno* porque eu a gerei, criei e amei, que amor é esse? E que filha é essa?

Uma filha que não declara seu amor além do "simples" dever não é filha. Por si só, o laço, com os deveres que ele supõe em cada um (pai e filhas ou filhos), não vale mais nada. O que vale é o sentimento.

Alguns dirão que o sentimento fortaleceu os vínculos familiares. Mas aconteceu o contrário: os vínculos, uma vez ligados ao amor e ao sentimento, tornaram-se condicionais. Se não te amo mais, o casamento acaba. Da mesma forma, por que filhos e filhas não divorciariam dos pais, e por que os pais não divorciariam de crianças que eles não amam mais ou que amam menos?

O vínculo entre pais e filhos sempre foi complicado: por exemplo, os filhos garantem uma certa continuidade da existência dos pais, mas, por isso mesmo, eles nos lembram que vamos morrer um dia. Com *Rei Lear*, surge a relação moderna entre pais e filhos, em que um vínculo já muito complicado recebe a complexidade (e a volatilidade) suplementar de uma relação amorosa.

Pense nisso antes de declarar "te amo" a seu filho ou filha. Nem sempre o amor é um bom negócio.

Nota: a importância dos sentimentos transformou a educação dos filhos numa tarefa impraticável. Como é possível se impor a alguém de quem queremos, antes de mais nada, que nos ame?

A VIDA COMO ELA É (OU NÃO)

Assisti a *O protetor*, de Antoine Fuqua, com Denzel Washington. Imaginava que não seria nenhuma obra-prima, e de fato não é. Mas, para um público numeroso (do qual faço parte), o que se sabe da história pelo trailer torna o filme irresistível.

Robert McCall vive a rotina um pouco aflitiva de um solitário que trabalha como vendedor num supermercado de materiais de construção e passa as noites lendo clássicos num café vinte e quatro horas, ao lado da sua casa. Fora essa pequena excentricidade, ele é o retrato da mesmice: sua vida parece se justificar na simples repetição ordeira.

De repente, McCall encontra uma mocinha muito injustiçada e não consegue (mais) ficar de espectador. Claro, aprendemos nessa ocasião que McCall tem um passado "animado" (e certamente sofrido); é desse passado que ele está se escondendo na rotina de seus dias.

Quando McCall sai de sua tranquila aposentadoria, entendemos um sentido e um charme diferentes da famosa frase "você não sabe com quem está falando": a ameaça não se refere apenas (estupidamente) a algum privilégio social, mas é um jeito de dizer que podemos ser bem diferentes do que aparentamos ser.

Lembre-se do Hulk: "Você não quer me ver irritado...". E lembre-se de Glenn Ford em *Gatilho relâmpago*, o clássico de Russell Rouse de 1956, em que um grande pistoleiro se torna comerciante de secos e molhados até que... etc.

Nosso pensamento moral é livre como nunca foi: cada um pode decidir o que é, para ele, certo ou errado, sem obedecer necessariamente ao que mandam o figurino, a lei e os costumes da cidade e dos tempos. A liberdade moral moderna entra facilmente em conflito com a administração pública da justiça, que pode ser corrupta, preguiçosa e mesmo injusta.

Esse conflito, que todos vivemos um dia, resolve-se na figura do justiceiro, que age segundo suas convicções morais, sem esperar que a lei instituída saia de sua letargia.

> Nota: não pense que o justiceiro seja uma invenção de Hollywood. Ele existe desde os começos da liberdade moral na nossa cultura – Robin Hood é uma lenda do século 13.

Enfim, as vítimas, em geral, estão ou deveriam estar sempre a favor do justiceiro e contra o legalismo um pouco covarde de quem nunca coloca as mãos na massa. Se você estiver em apuros na Síria ou no Iraque de hoje, vai contar com os bombardeios dos aliados ocidentais e rezar para que nunca o Brasil consiga um assento permanente no Conselho de Segurança da ONU.

Mas o que mais me seduz em *O protetor* e narrativas análogas não é tanto o charme do justiceiro quanto o sonho de uma virada, de uma decisão ou de um gesto que, de repente, tornem o cotidiano extraordinário e atribuam à nossa vida comum a intensidade de uma ficção.

No filme, um detalhe narrativo salienta essa possibilidade de transformar o cotidiano numa épica: claro, se o inimigo vem com uma arma, McCall pode virá-la contra ele, mas, em geral, ele só combate com objetos de todos os dias, do saca-rolha à broca elétrica.

O segredo de uma vida que valha a pena consiste em viver o cotidiano como uma aventura. Para isso, não é preciso matar mafiosos e salvar donzelas (até porque, às vezes, não há donzelas, embora os mafiosos estejam em toda a parte).

Em suma, o cotidiano não exige nosso heroísmo (ou super-heroísmo) para mostrar uma face menos trivial e mais intensa. Só que, cuidado: nem sempre essa outra face é divertida. Também assisti a *Miss Violence*, de Alexandros Avranas, que é uma obra-prima, imperdível (atenção: não é para crianças, e não é o caso de levar sua filha de 14 anos sob pretexto de que ela é madura).

Miss Violence nos leva para o cotidiano de uma família aparentemente muito normal, mas na qual, desde o começo, um acidente nos sugere que nem tudo o que brilha é ouro. Nenhum spoiler: é preciso que a descoberta do sinistro e do horror seja lenta, gradual.

Só algumas conclusões:

1) O cotidiano aparentemente insosso (o nosso ou o do nosso vizinho) pode se transformar em conto de fadas, mas pode também revelar um romance de horror, escondido ou envergonhado.

2) Melhor desconfiar da banalidade e não perdoá-la por ela ser comum; pois a banalidade é um disfarce que permite ao horror passear entre nós.

TER MAIS E TER MENOS

Vários leitores me escreveram para acusar os tempos modernos, em que *ter* é mais importante do que *ser*. Hoje, o que temos nos define, à condição, claro, de ostentá-lo o suficiente para que os outros saibam: constatando nossos "bens", eles reconheceriam nosso valor social.

Essa seria a razão da cobiça de todos e, em última instância, da facilidade com a qual todos nos tornamos criminosos. A partir dessa constatação, alguns de meus correspondentes tentam explicar uma diferença entre ricos e pobres em matéria de crime.

O argumento básico funciona mais ou menos assim: 1) para ser alguém, na nossa sociedade, é preciso ter e ostentar bens; 2) quem vale menos na consideração social (o desfavorecido, o excluído, o miserável) teria um anseio maior de conquistar aqueles bens que aumentariam seu valor aos olhos dos outros. Em suma, precisamos ter para ser – e, se formos pouco relevantes ou invisíveis socialmente, só poderemos querer ter mais e com mais urgência.

À primeira vista, faz sentido. Mas, antes de desenvolver o raciocínio, uma palavra em defesa da modernidade.

Tudo bem, uma sociedade em que as diferenças são decididas pelo *ter* (vale mais quem tem mais) pode parecer um pouco sórdida. Acharíamos mais digna uma sociedade na qual valeria mais quem *é* melhor, não quem acumulou mais riquezas.

O problema é que, em nosso passado recente, as sociedades organizadas pelo *ser* já existiram, e não foram exatamente sociedades para onde a gente voltaria alegremente – eu, ao menos, não gostaria de voltar para lá.

Geralmente, uma sociedade organizada pelo *ser* é uma sociedade imóvel. Por exemplo, no antigo regime, você podia nascer nobre, perder todos os bens de sua família, inclusive a honra, e continuaria nobre, porque você já era nobre.

Inversamente, você podia nascer numa sarjeta urbana e enriquecer pelo seu trabalho ou pela sua sabedoria, e nem por isso você se tornaria nobre, porque você não o era.

Ou seja, em matéria de mobilidade social, as sociedades nas quais o que importa é o *ser* são sociedades lentas, se não paradas, e as sociedades nas quais o que importa é o *ter* são sociedades nas quais a mudança é possível, se não encorajada.

É bom lembrar disso quando criticamos nossa idolatria consumista ou nossa vaidade. Podemos sonhar com uma sociedade organizada pelas qualidades supostamente intrínsecas a cada um (haveria os sábios, os generosos, os fortes etc.), mas a alternativa real a uma sociedade do ter são sociedades em que castas e dinastias exercem uma autoridade contra a qual o indivíduo não pode quase nada.

Voltemos agora à observação de que, numa sociedade do ter, como a nossa, os que têm menos seriam, por assim dizer, famintos – e, portanto, propensos a querer a qualquer custo. Eles recorreriam ao crime porque sua dignidade social depende desse ter – para eles, ter (como navegar) é preciso.

Agora, o combustível de uma sociedade do ter é uma mistura de cobiça com vaidade. Por cobiça, preferimos os bens materiais a nossas eventuais virtudes, mas essa cobiça está a serviço da vaidade.

A riqueza que acumulamos não vale *em si*, ela vale para ser vista e reconhecida pelos outros: é a inveja deles que afirma nossa desejada superioridade. Em outras palavras, os bens que desejamos são indiferentes; o que importa é o reconhecimento que esperamos receber graças a eles. Por consequência, nenhum bem pode nos satisfazer, e a insatisfação é parte integrante de nosso modelo cultural.

Não é que estejamos insatisfeitos porque nos falta alguma coisa (aí seria fácil, bastaria encontrá-la). Somos (e não estamos) insatisfeitos porque o reconhecimento dos outros é imaterial, difícil de ser medido e nunca suficiente.

A procura por bens é infinita ou, no mínimo, indefinida, como é indefinida a procura pelo reconhecimento dos outros. Os bens que conquistamos (roubando ou não, tanto faz) não estabelecem nenhum *ser*, apenas alimentam, por um instante, um olhar que gratificaria nossa vaidade.

Não existe uma acumulação a partir da qual nós nos sentiríamos ao menos parcialmente acalmados em nossa busca por esse reconhecimento.

Ao contrário, é provável que a cobiça e a vaidade cresçam com o *ter*. Ou seja, é bem possível que a tentação do crime seja maior para quem tem mais do que para quem tem menos.

A VIDA, COM ÓPIO E SEM ÓPIO

No fim de semana passado, fui ao teatro duas vezes, e tive uma sorte grande. Teatro, quando é bom, é uma alegria extraordinária. Começo por *Galileu Galilei*, de Bertolt Brecht, dirigido por Cibele Forjaz, com Denise Fraga no papel de Galileu (nada mais brechtiano do que uma atriz no papel do cientista). Embora não seja nesta ordem que assisti às duas peças, na minha cabeça, elas deram lugar a um diálogo que começa com *Galileu*.

Na adolescência, gostava de Brecht por paixão militante: era um teatro que parecia feito para levar o espectador a pensar e a se engajar (claro, numa direção parecida com a minha). As peças brechtianas do Piccolo Teatro de Milão, hoje, não me pegariam da mesma forma: é que não gosto de quase mais nada que tente me dizer como é que eu deveria pensar.

Saí de *Galileu* com uma interrogação mais complexa do que as palavras de ordem do Brecht da minha adolescência.

O cardeal e papa Barberini, por exemplo, é satirizado. E deveria ser óbvio, para o espectador, que a igreja (do século 17) é obscurantista e defende sua autoridade na interpretação da palavra divina, enquanto Galileu é um herói da razão e da liberdade de pensar (moderno até na decisão de amarelar um pouco e não sacrificar sua vida pela verdade).

Tudo isso está lá, mas a questão que paira no ar é: será que todos nós (o povo) precisamos sempre saber toda a verdade? Será que poderíamos viver só com a ciência, sem que a religião nos iludisse o suficiente para que aguentássemos a dureza de viver?

Na época, devo ter pensado (com Sade e com Marx) que a religião é uma droga que serve para que os oprimidos aguentem seus maus momentos e apostem mais no juízo final do que na revolução. Você é explorado pelo seu vizinho? Espere sua recompensa nos céus.

Sábado, saí de *Galileu* perguntando-me: a religião que tenta calar o cientista é um anestésico apenas da miséria real (a que provém das injustiças do mundo)? Ou o anestésico religioso ataca dores mais profundas, dores que se originam na condição humana como tal?

Talvez a extraordinária resistência da religião se deva ao fato de que ela não responde apenas à nossa miséria real: ela responde a uma miséria que é existencial.

O problema não é tanto: como você aguentaria a opressão sem poder recorrer a Deus? O problema é: como você aguentaria a perspectiva de sua morte individual e do fim do planeta Terra sem um fio de esperança escondida num Deus que dê algum sentido a tudo isso?

Alguns grandes conservadores afirmam que a religião é uma necessidade para o governo dos homens.

Ou seja, sem religião não haveria governo possível. É uma visão que tem os mesmos limites da visão progressista, segundo a qual a religião serviria para que os homens não se rebelem, preferindo contar com a Justiça divina.

Ambas as visões parecem se esquecer de que, antes de mais nada, a religião (seja ela uma necessidade ou um engodo, ou ainda um engodo necessário) responde a uma miséria que é própria à existência de qualquer ser humano.

Brecht talvez não tivesse gostado, mas eu saí de *Galileu* me perguntando, em suma, se o homem pode mesmo aguentar viver sem algum preceito religioso.

Meus amigos conservadores deveriam festejar; fui ver Brecht e saí pensando como o filósofo Edmund Burke: é possível viver sem ao menos o semblante de uma referência divina?

É aqui que intervém a outra peça à qual assisti, *O jardim*, da Cia. Hiato. Um dos prazeres da peça é que o espectador é convidado a entender como são ligadas as três histórias às quais ele assiste. Mas uma coisa posso afirmar, sem estragar o prazer de ninguém: raramente percebi com tamanha intensidade a beleza da vida, digamos assim, como ela é, sem a consolação de uma transcendência divina.

Perdemos as casas da nossa infância, os filhos que não tivemos e os que tivemos, os amores que não vingaram e os que vingaram, os álbuns de fotografias e as caixas com aquelas coisas das quais nem nos lembrávamos mais. Pior, envelhecemos e perdemos a nós mesmos, até nos esquecer de quem fomos.

Mas o que sobra não precisa ser a necessidade de um deus que nos console; ao contrário, pode ser uma imensa ternura pelo tempo que passa e pela vida vivida.

EXCESSO OU FALTA DE SENTIDO?

Tempos atrás, postei no meu Twitter: "Angústia é descobrir que somos pedaços de carne largados num planeta perdido e menor, e que tudo isso não faz sentido algum". Talvez esse seja meu post mais popular, o que mais foi e continua sendo retuitado.

Sigo concordando com ele: há uma dimensão da angústia que provém da sensação de sermos reduzidos a um aglomerado de células sem história e sem palavras explicativas, ou seja, sem nada que diga por que e para que existimos (nós e o mundo).

Prova disso é que há um exercício comportamental que pode aliviar as crises de angústia e pânico: a gente relembra (articulando as palavras) quem somos, onde estamos, quem são nossos próximos, o que fazemos, com quem nos relacionamos etc. O sofrimento é acalmado pela evocação de um sentido qualquer para nosso momento de vida e nosso lugar no mundo.

Do lado oposto, existem delírios de referência tão floridos que, numa fuga acelerada do pensamento, o indivíduo passa a acreditar que absolutamente tudo faz sentido – por exemplo, tudo se refere a ele, e o mundo só fala nele. Esses momentos de excesso de sentido são tão dolorosos quanto o deserto de uma crise de angústia.

Você acha o excesso de sentido mais raro do que sua falta? Não sei. Há uma sutil fronteira entre o excesso de sentido de um delírio paranoico e o que acontece a cada hora na internet, na evocação de cumplicidades ocultas e complôs escusos graças aos quais nada é por acaso: tudo o que acontece tem sentido.

Entre esses dois extremos (a derrelição e o pleno sentido) se situa o sofrimento comum, numa espécie de incerteza: sofremos pela falta do sentido ou por seu excesso? Melhor dito, sofremos *mais* pela falta ou pelo excesso de sentido?

Na crônica anterior, perguntava-me se as religiões (que dão sentido à nossa vida) são necessárias para aguentarmos viver. A pergunta agora pode ser mais complexa: a religião (como exemplo do que pode dar sentido à vida) é um remédio contra a angústia do nada, mas não pode ser ela a fonte do sofrimento que vem do excesso de sentido?

Além disso: será que precisamos de sentido ou poderíamos viver sem sentido algum? Não sei responder. Constato que, em qualquer terapia pela palavra, coexistem duas atitudes opostas.

Há a tentativa de aliviar e curar o sofrimento revelando, descobrindo ou inventando um sentido para os acontecimentos da vida (é a atitude do conselheiro espiritual, do padre, mas também pode ser a do psicoterapeuta, no exemplo que dei antes, para reagir a uma crise de pânico).

E há a tentativa de aliviar e curar o sofrimento criticando e denunciando o sentido, como se fosse sempre uma ilusão. É a atitude de quem aposta que seja possível pegar mais leve na vida – viver sem precisar atribuir um sentido ao que ocorre e ao que fazemos.

A própria psicanálise oscila entre essas duas atitudes, ou seja, entre interpretações que preenchem nossa vida e nossa história de sentido e outras que revelam que o sentido de tal ou tal outro momento da vida é quase sempre uma ficção ou, pior, um engodo.

Talvez essa oscilação seja a consequência inevitável do fato de que o sofrimento de quem pede ajuda a um terapeuta oscila mesmo entre o excesso e a falta de sentido.

Nenhum sentido parece ser suficiente para responder ao sentimento de derrelição, mas os sentidos que inventamos são sempre em excesso – um pouco como aquele neurótico que, para se impedir de desejar as pernas da irmã, que sempre usava saia curta, decidira tapar com toalhas longas as pernas de todas as mesas de casa.

O excesso de sentido é algo que conhecemos bem: a maioria de nossos sintomas são produzidos por ele – vivemos para expiar uma culpa, agimos para mostrar rebeldia, para ganhar aprovação etc.: os afetos da infância pesam em cima de nós, dão um sentido à nossa vida, mas nos oprimem.

O sentido oferece uma compensação: somos pesados, viajamos cheios de malas, mas nossa viagem é, por assim dizer, justificada. Ela acontece por alguma razão, que podemos até ignorar, mas que supomos e graças à qual acreditamos que não estamos no mundo à toa.

O que conhecemos menos é a leveza que seria possível se conseguíssemos parar de procurar desesperadamente um sentido – sem cair no desespero ao descobrir que talvez, de fato, não haja sentido algum.

O QUE QUER UM HOMEM?

Poder? Riqueza? Sucesso e fama? Conquistas amorosas? Triunfos sexuais? Qual é a coisa que um homem mais quer, afinal? Essa é a pergunta que me foi colocada em mais uma entrevista. A resposta que me veio de imediato não estava na lista. O que um homem mais quer, eu disse sem hesitar, é a aventura. Ele quer qualquer coisa, com a condição de que seja uma aventura. Mas, claro, não é fácil definir o que é a aventura.

Giorgio Agamben, o filósofo contemporâneo que mais leio, em seu livrinho de 80 páginas sobre o tema, *A aventura,* cita *Yvain: o Cavaleiro do Leão,* de Chrétien de Troyes, que, no século 12, escreveu cinco maravilhosos romances de cavalaria sobre os cavaleiros do rei Artur.

Yvain diz: "Sou um cavaleiro que procura o que ele não pode achar; muito procurei e nada achei". Em resposta, ele recebe a pergunta: "O que você gostaria de encontrar?". Réplica de Yvain: "Aventura, para pôr à prova minha valentia e minha coragem".

Dos romances de Chrétien de Troyes, meu preferido é *Erec e Enide,* que conta a história seguinte: Erec, muito valente, casa-se com Enide, eles se amam de paixão e passam dias e noites na cama. Será que Erec só pensa na sua bela?

Eis que, um dia, ele acorda, arma-se, sobe em seu cavalo e sai pelo mundo puxando uma mula sobre a qual está Enide, bela e indefesa. Erec procura encrenca, ou seja, perigos e riscos – como se diz, ele se aventura.

Uma moral possível da história é que o amor pode comprometer a aventura, que é o que mais importa para um homem. Conselho: se você for um homem, não deixe que a vida conjugal se torne uma desculpa para ficar na cama; ao contrário, leve a sua amada para a aventura, junto com você.

Seria um erro pensar que os cavaleiros de Chrétien de Troyes seriam homens muito diferentes da gente. Ao contrário, os cavaleiros medievais em geral, sobretudo até o século 12 ou 13, são uma espécie de pré-estreia da modernidade.

Basta ler qualquer obra de Georges Duby sobre a sociedade medieval: a ordem da cavalaria não foi inventada por reis, príncipes, duques e outros nobres desejosos de criar e alistar uma categoria de militares exímios.

A cavalaria começa antes da nobreza e tem todas as caraterísticas da modernidade, a começar pelo fato de que ninguém é cavaleiro pela família na qual nasceu – quem é destinado à cavalaria deixa sua família cedo, antes dos 10 anos, para começar o treino. E, justamente, o estatuto de cavaleiro é conquistado por uma formação (duríssima), pelas qualidades pessoais e pelos méritos, exatamente como uma posição social na modernidade.

Só mais tarde (a partir do século 12, justamente), a cavalaria é recuperada, digamos assim, pela nobreza que começa a se formar naquela época. Na aurora da era feudal, a sociedade de castas europeia (o Antigo Regime) ainda não tinha nascido, e a cavalaria era portadora de valores parecidos com os de hoje: tudo é possível para quem está disposto a se testar, a se pôr à prova.

O ideal da aventura, como tempo das provas em que mostraríamos ao que viemos e de que somos capazes, é um traço central da modernidade. Esse traço talvez seja especialmente masculino por ser uma herança do ideal de valentia de um soldado: o cavaleiro medieval.

Claro, a aventura é desejada para que o outro me julgue e me reconheça – o outro sendo a Dama, Deus ou eu mesmo. Por isso, a aventura (o que me acontece) se confunde com o relato da aventura: ela é que transforma a minha vida em história que vale a pena ser contada.

Justamente, desde a época de Chrétien de Troyes, lembra Agamben, a palavra *aventure* designa tanto a prova pela qual passamos como, indissociavelmente, o relato de nosso teste. Os percalços da vida só se tornam realmente nossas aventuras quando conseguimos incorporá-los à nossa história.

Em outras palavras, a vida é aventura (e é boa) quando ela merece ser narrada.

Voltando ao nosso título, se você, homem ou mulher, quiser saber o que quer um homem e não tiver medo de descobrir que a vontade de aventura é imperiosa, desesperada e estranhamente abstrata, há um livro breve, envolvente e imperdível: *No mar*, do holandês Toine Heijmans. É a história de um homem comum que precisa demonstrar seu valor, a si mesmo, à sua mulher e à sua filha.

A FÓRMULA DO AMOR

Eu tenho o gesto exato, sei como devo andar
Aprendi nos filmes para um dia usar
Um certo ar cruel de quem sabe o que quer
Tenho tudo planejado pra te impressionar
Luz de fim de tarde, meu rosto em contraluz
Não posso compreender, não faz nenhum efeito
a minha aparição; será que errei na mão?
As coisas são mais fáceis na televisão

Paula Toller, decepcionada por não conseguir fazer com que o outro se apaixone por ela, promete encontrar um dia "A fórmula do amor" – título da última música do álbum *Educação sentimental*, do Kid Abelha, que era um dos meus preferidos nos anos em que viajava entre França e Brasil.

A fórmula do amor da qual fala a música serviria para fazer um outro se apaixonar por nós – assim como o prometido nos cartazes pendurados nos postes urbanos: faço seu amor ficar preso a você para sempre ou voltar, se ele tiver se afastado, resultado garantido, dinheiro de volta se não funcionar.

Bom, eventualmente, todos podemos gostar da ideia de que alguém se apaixone por nós. Mas, convenhamos: não é uma ideia muito generosa. A prova disso é que poucos estão a fim de se apaixonar por um outro. Ou seja, o apaixonamento seria bom para quem é amado; já para quem se apaixona, nem tanto.

Não foi sempre assim. Publicando *Os sofrimentos do jovem Werther* (1774), Goethe inaugurou uma época (que não acabou completamente: ainda há um pouco daquele espírito em todos nós) em que o romântico acha bom e desejável apaixonar-se perdidamente. Isso se dá um pouco pela força da emoção, pela qual a gente se sentiria vivo, um pouco por uma fantasia de entrega (quase erótica) pela qual nosso amado se tornaria nosso dono e única razão de viver.

Mais de um século depois, o apaixonamento amoroso continuava seduzindo muitos (como ainda seduz alguns), mas já começava a ser considerado um transtorno grave e dificilmente curável.

Em 1976, Roland Barthes, sofrendo do apaixonamento que o levou a escrever *Fragmentos de um discurso amoroso*, consultou Jacques Lacan. O psicanalista lhe disse que análise ou terapia não o curariam das dores daquele amor; mas, se ele se tratasse, era possível esperar que, no futuro, tivesse a sabedoria de se apaixonar menos. Ou seja, o amor é um transtorno que é mais fácil prevenir do que curar.

Alguém dirá que, sem sofrimento amoroso, Barthes não teria escrito os *Fragmentos* (e Goethe, o *Werther*). Concordo, mas é arriscado se apaixonar só para a ver se a gente tem um grande talento de escritor.

Fora essa eventualidade remota, apaixonar-se para o quê? A paixão amorosa, além de sofrida, é um exercício narcisista: a gente idealiza um outro, enxerga nele todos nossos ideais na esperança de que, se ele nos amar, a gente se sinta amado por eles, ou seja, por nós mesmos.

Hoje, se alguém inventasse uma pílula do amor, você a tomaria? Ou a usaria como uma espécie de "boa noite, Cinderela" sentimental, drogando alguém para que a pessoa se apaixonasse por você? Dúvida e tormento: uma vez que fosse induzido a amar você por uma pílula, esse amor seria sincero?

Uma pílula do amor não é propriamente ficção científica. É possível imaginar uma que produza em alguém todos os efeitos do apaixonamento: sudorese, inapetência, aceleração cardíaca, liberação de dopamina e outros neurotransmissores envolvidos na paixão amorosa. O que faltaria para que esses efeitos constituíssem um apaixonamento?

Claro, a pílula não decidiria por quem a gente se apaixona. Será que, como os pintinhos saídos do ovo, nos fixaríamos no primeiro ser que aparecesse na nossa frente? Ou será que o amado seria escolhido a partir de uma consulta aos arquivos de nossa memória? Nesse caso, poderíamos amar por causa da pílula, mas não escolheríamos nosso objeto de amor à toa...

“MUITOS AMORES SÃO COMO A VIDA: ELES VALEM A DOR QUE SEU DESFECHO TRISTE NOS DARÁ UM DIA.”

A FELICIDADE É DEPRIMENTE

É possível que a depressão seja o mal da nossa época. Ela já foi imensamente popular no passado. Por exemplo, os românticos (sobretudo os artistas) achavam que ser langoroso e triste talvez fosse o único jeito autêntico de ser fascinante e profundo.

Em 1859, Baudelaire escrevia à sua mãe: "O que sinto é um imenso desânimo, uma sensação de isolamento insuportável, o medo constante de um vago infortúnio, uma desconfiança completa de minhas próprias forças, uma ausência total de desejos, uma impossibilidade de encontrar uma diversão qualquer".

Agora, Baudelaire poderia procurar alívio nas drogas, mas ele e seus contemporâneos não teriam trocado sua infelicidade pelo sorriso estereotipado das nossas fotos das férias. Para um romântico, a felicidade contente era quase sempre a marca de um espírito simplório e desinteressante.

Enfim, diferente dos românticos, o deprimido contemporâneo não curte sua fossa: ao contrário, ele quer se desfazer desse afeto, que não lhe parece ter um grande charme.

Alguns suspeitam que a depressão contemporânea seja uma invenção. Uma vez achado um remédio possível, sempre é preciso propagandear o transtorno que o tal remédio poderia curar. Nessa ótica, a depressão é um mercado maravilhoso, pois o transtorno é fácil de ser confundido com estados de espírito muito comuns: a simples tristeza, o sentimento de inadequação, um luto que dura um pouco mais do que desejaríamos etc.

De qualquer forma, o extraordinário sucesso da depressão e dos antidepressivos não existiria se nossa cultura não atribuísse um valor especial à felicidade (da qual a depressão nos privaria). Ou seja, ficamos tristes de estarmos tristes porque gostaríamos muito de sermos felizes.

Coexistem, na nossa época, dois fenômenos aparentemente contraditórios: a depressão e a valorização da felicidade. Será que nossa tristeza, então, não poderia ser um efeito do valor excessivo que atribuímos à felicidade? Quem sabe a tristeza contemporânea seja uma espécie de decepção.

Em agosto de 2011, I. B. Mauss e outros publicaram na *Emotion* uma pesquisa com o título "Can Seeking Happiness Make People Unhappy?" [Será que a procura da felicidade faz as pessoas infelizes?]. Eles recorreram a uma medida da valorização da felicidade pelos indivíduos e, em pesquisas com duas amostras de mulheres (uma que valorizava mais a felicidade, e a outra, menos), comprovaram o óbvio: sobretudo em situações positivas (por exemplo, diante de boas notícias), as pessoas que perseguem a felicidade ficam sempre particularmente decepcionadas.

Numa das pesquisas, eles induziram a valorização da felicidade: manipularam uma das amostras propondo a leitura de um falso artigo de jornal anunciando que a felicidade cura o câncer, faz viver mais tempo, aumenta a potência sexual – em suma, todas as trivialidades nunca comprovadas, mas que povoam as páginas da grande imprensa.

Depois disso, diante de boas notícias, as mulheres que tinham lido o artigo ficaram bem menos felizes do que as que não tinham sido induzidas a valorizar especialmente a felicidade. Conclusão: na população em geral, a valorização cultural da felicidade pode ser contraprodutiva.

Mais recentemente, duas pesquisas foram muito além e mostraram que a valorização da felicidade pode ser causa de verdadeiros transtornos. A primeira, de B. Q. Ford e outros, no *Journal of Social and Clinical Psychology*, descobriu que a procura desesperada da felicidade constitui um fator de risco para sintomas e diagnósticos de depressão.

A pesquisa conclui que o valor cultural atribuído à felicidade leva a consequências sérias em saúde mental. Uma grande valorização da felicidade, no contexto do Ocidente, é um componente da depressão. E uma intervenção cognitiva que diminua o valor atribuído à felicidade poderia melhorar o desfecho de uma depressão. Ou seja, o que escrevo regularmente contra o ideal de felicidade talvez melhore o humor de alguém. Fico feliz.

Enfim, em 2015, uma pesquisa de Ford, Mauss e Gruber, na *Emotion*, mostra que a valorização da felicidade é relacionada ao risco e ao diagnóstico de transtorno bipolar. Conclusão: cuidado, nossos ideais emocionais (tipo: o ideal de sermos felizes) têm uma função crítica na nossa saúde mental.

Como escreveu o grande John Stuart Mill, em 1873: só são felizes os que perseguem outra coisa do que a própria felicidade.

"AMAR É, ANTES DE MAIS NADA, UMA ARTE DE DIZER, DE SER EFEITO DAS PRÓPRIAS PALAVRAS QUE USAMOS AO DECLARAR E DESCREVER NOSSO SENTIMENTO."

PARTE TRÊS

contra a mediocridade do mundo

“VIVER DE VERDADE
É SEMPRE,
INEVITAVELMENTE,
UM RISCO.”

DE VOLTA PARA O PASSADO

Adoraria que fosse possível viajar no tempo e voltar para épocas anteriores de minha vida.

Ingenuamente, imagino que, em vários momentos do passado, eu teria me beneficiado de algo que sei só agora. Quem melhor do que eu aos 50 ou 60 anos para aconselhar uma versão mais jovem de mim, a de dez, vinte, trinta anos atrás?

Hoje, enfim, meço as consequências de algumas escolhas antigas. Sei (ou imagino) que teria sido melhor me separar logo daquela pessoa e nunca me afastar de outra, que era insubstituível e que eu perdi; sei (ou imagino) que poderia ter evitado riscos inúteis e me exposto a outros dos quais fugi; sei (ou imagino) que deveria ter insistido quando desisti e desistido quando insisti. E, para quem pode viajar no tempo, nunca é tarde para salvar Inês.

Voltar ao passado para nos dar conselhos em momentos cruciais parece ser uma maneira racional de endireitar nossa vida, a única que leva em conta as consequências confirmadas de nossos atos. Mas um ditado italiano ("Del senno di poi son piene le fosse": da sabedoria do depois as valas estão cheias) sugere que esse saber das consequências, além de chegar atrasado, talvez seja inútil.

Concordo: as escolhas da gente são quase sempre as melhores, se não as únicas possíveis na hora em que tivemos que decidir. E os remorsos são quase sempre fajutos: quando reavaliamos e censuramos nossas decisões passadas à luz de suas consequências presentes, estamos esquecendo as razões que nos fizeram decidir naquele momento e naquelas circunstâncias. Mesmo assim, a vontade de voltar atrás e alterar o passado é grande.

Quando eu era mais jovem, depois de qualquer crise (embate, briga, acidente), revivia mil vezes o que acabava de acontecer, corrigindo ou aperfeiçoando imaginariamente minha reação (o que eu "deveria ter feito").

Hoje, mais velho, quando volto a lugares do passado, sempre os encontro assombrados, como se minha história ainda estivesse por lá, suspensa, na espera de uma solução alternativa à que se realizou na época.

Me dei conta disso quando, pela primeira vez, morreu alguém que tinha sido minha companheira. O luto foi violento, igual ao que seria se minha história com ela nunca tivesse acabado.

Como podia ser? Se passaram tantos anos sem eu pensar nela... Por que esta dor agora? Era como se, com a morte dela, acabassem as chances de dar àquela história um desfecho outro, como se só com a morte dela o passado se tornasse realmente passado.

Seja como for, por ser um fã das viagens no tempo, não podia deixar de citar *Looper: assassinos do futuro,* de Rian Johnson. No filme, daqui a trinta anos, as viagens no tempo serão possíveis e proibidas. A máfia instalará seus assassinos, os *loopers,* no passado (ou seja, numa época mais permissiva); e para esses assassinos ela despachará as pessoas que deseja eliminar, para que sejam mortas.

Um dia, um assassino descobre que o condenado, que ele recebe do futuro, é a versão mais velha dele mesmo. Será que o jovem *looper* vai querer poupar a própria vida? Não é óbvio: afinal, matar a nós mesmos daqui a trinta anos é parecido com fumar e comer toucinho.

Esse cara, trinta anos mais velho do que eu, será que ainda sou eu? E será que alguém aos 20 ou aos 30 escutaria o que sua versão de 60 anos tentasse lhe dizer? Ou será que, para mim aos 20, eu seria hoje apenas mais um velho chato qualquer? Questão antiga: fora nossa identidade jurídica, que permanece igual, será que, ao longo da vida, somos a mesma pessoa?

No Festival do Rio, assisti a *Camille outra vez*, de Noémie Lvovsky. Nele, Eric e Camille ficaram juntos a vida toda. Mas Eric acaba de deixar Camille por uma mulher mais jovem (e talvez menos beberrona). No Réveillon, Camille desmaia e acorda aos 16 anos. Ela reencontra seus pais, as amigas da escola e, sobretudo, Eric, pois é bem naquela época que eles se encontraram.

Claro, Camille quer mudar o curso de sua vida (não namorar Eric) para evitar a dor futura da separação. Mas o fato é que muitos amores são como a vida: eles valem a dor que seu desfecho triste nos dará um dia.

"ESCREVER É SEMPRE UM POUCO ISTO: CONFERIR AO ACONTECIMENTO A DIGNIDADE DO REGISTRO."

O DEVANEIO É UMA DOENÇA

Cansada de sonhar de olhos abertos, uma leitora, Ana, quer saber mais sobre devaneios: "Por que acabo sempre fugindo para esse lugar fictício, onde tudo pode ser tão melhor ou pior, um mundo do que poderia ser, do que poderia ter sido, da pior hipótese fantástica, pretéritos imperfeitos, mais-que-perfeitos, futuros incertos – e quando vejo, perdi tanto tempo com isso?".

Tenho carinho pelos sonhos de olhos abertos. Até o começo da adolescência, o devaneio era meu aliado contra o que me parecia ser a mediocridade do mundo. Para mim, como para Ana, o devaneio era o país de onde eu vinha (minha origem escondida) ou minha pátria futura; de um jeito ou de outro, era meu passaporte para um outro mundo, que me salvaria de meu lugar e de meu presente.

Graças ao devaneio, assisti a centenas de aulas chatérrimas, aparentando minha absoluta atenção (embora de olhos um tanto vidrados). Quando atravessei a dolorosa época em que os adolescentes menosprezam os pais, o devaneio me consolou, alimentando a certeza de que eu, de fato, pertencia a outra família.

Enfim, à força de contar histórias para mim mesmo, aprendi a contá-las para os outros. O que fez com que, aos poucos, meu devaneio se acalmasse (por sorte, sem se exaurir)? Será que eu "amadureci"? Ou será que as aulas, o trabalho e os amores se tornaram interessantes, e a necessidade de sonhar diminuiu?

Na hora de explicar o excesso de devaneio, o adolescente tende a acusar a realidade na qual ele vive, a qual mereceria o enfado que ela lhe inspira.

Mas, em geral, não há realidade enfadonha, apenas indivíduos enfadados, que, por alguma razão, não enxergam o encanto possível do dia a dia.

Ao devanear, eu me afasto da realidade. Por outro lado, sem devanear, mal consigo inventar e desejar realidades diferentes. O que é pior? Entre renunciar a devanear e sucumbir ao devaneio, talvez seja pior renunciar a devanear.

Infelizmente, enquanto a gente sonha sossegado, alguns se esforçam para transformar o devaneio num transtorno, se não numa doença. Desde um texto de 2002 ("Maladaptive Daydreaming: A Qualitative Inquiry") que saiu no *Journal of Contemporary Psychotherapy*, monitoro a ascensão do "transtorno" de devaneio excessivo e "mal-adaptativo" (ao mesmo tempo, desadaptado e capaz de comprometer nossa adaptação ao mundo).

Rapidamente, os blogs se multiplicaram – tanto de pessoas se queixando de seus devaneios excessivos como de médicos interessados em registrar o novo transtorno e propor uma cura. Dez anos atrás, o devaneio era considerado como fuga de um provável abuso infantil. Hoje, é possível ser sonhador sem ter sido abusado; é um alívio.

No fim de 2011, foi publicada, na *Consciousness and Cognition*, uma pesquisa de título "Compulsive Fantasy", que detalha o sofrimento dos sonhadores compulsivos: blogs e sites fizeram uma festa.

Aprendemos que os sonhadores de olhos abertos sentem vergonha de sua condição. Eles se escondem, mas podem ser identificados porque, sem se dar conta, enquanto sonham, atuam seus devaneios em gestos e palavras (ou seja, falam sozinhos). Enfim, eles precisam ser ajudados porque tudo isso leva a ansiedade e depressão.

Li, num blog, a carta de uma mãe preocupada porque o filho, de 7 anos, não para de sonhar em proteger o mundo contra os malvados ou em distribuir dinheiro aos pobres. Será que, nas próximas décadas, o devaneio ocupará o lugar do transtorno de déficit de atenção?

Desde 2008, alguns garantem que a fluvoxamina (remédio, em tese, para transtornos obsessivo-compulsivos) cortaria o devaneio excessivo. Se os laboratórios decidirem que medicar o devaneio é um bom negócio, que Deus acuda as crianças.

O devaneio excessivo é o hábito de Dom Quixote, Madame Bovary, dois terços dos adolescentes, quase todos os autores de novelas e romances etc. Transformar esse hábito, tão humano, em transtorno é uma tentativa de regular nossa vida com a desculpa higienista: tudo nos é imposto para nossa "saúde" e nosso bem. Pararemos de sonhar porque é mais "saudável" prestar atenção só no que está na agenda de hoje?

No fundo, nada disso me estranha. Desde o século 19, as regras para uma vida saudável (física e psíquica) são nossa nova moral. E esse ataque contra o devaneio era previsível: qualquer forma de poder prefere limitar os sonhos de seus sujeitos.

AMOR LETAL

Algumas reflexões depois de assistir a *Amor*, de Michael Haneke. Adolescente, eu já achava bizarra a certeza com a qual alguns amigos se expressavam: "Se eu ficar 'assim'", diziam, "eu me mato na hora. E, por favor, se eu não me matar, seja generoso comigo, mate-me você".

O "assim" que justificava tamanha convicção dependia de relatos, leituras e filmes – ia desde uma impotência sexual talvez passageira (mas que parecia acabar com o charme da vida) até a condição terrificante do protagonista de *Johnny vai à guerra*, livro e filme de Dalton Trumbo: o soldado Joe, sem braços, sem pernas, sem rosto, parece ser apenas uma carne disforme, enquanto a mente dele continua funcionando.

Eu não concordava com a certeza suicida de meus amigos; imaginava que, antes de decidir me matar, seria bom experimentar minha nova condição durante um tempo. Afinal, em geral, as imperfeições nunca impediram os humanos de viver – ao contrário.

Na época de minha adolescência, não dispúnhamos do exemplo do físico Stephen Hawking nem de Christy Brown, o protagonista de *Meu pé esquerdo*, de Jim Sheridan. Em compensação, um amigo de meus pais, uma pessoa com deficiência físico-motora severa, disse-me, uma vez: "Você, por exemplo, não pode voar como as aves, e é desafinado como um sino quebrado; ou seja, tem coisas que não pode fazer, e você vai procurar o valor de sua vida em outras coisas, que você pode fazer. Comigo não é diferente".

Entendi. Mas me sobrou um certo medo (justamente, pela leitura precoce de *Johnny vai à guerra*): poderia acontecer que, de imediato, por causa de um acidente cerebral ou, sei lá, de um incidente de carro, eu me encontrasse numa condição na qual eu não quisesse viver de jeito nenhum e na qual eu não tivesse sequer a capacidade material e mental de pôr fim à minha vida ou de pedir para um próximo que ele me ajudasse a morrer.

Anos atrás, conheci alguém realmente preocupado (muito mais do que eu) com essa eventualidade. Ele envelheceu desesperado, oscilando entre o medo de se matar cedo demais, quando ainda poderia viver um tempo que valesse a pena, e o perigo de esperar além da conta e decidir sair de cena quando ele não tivesse mais condição de se matar ou de pedir a alguém que o matasse.

O mesmo alguém se consolava pensando assim: no caso extremo em que eu não pudesse mais pedir, quem me ama (ou melhor, quem amava aquela pessoa que eu era antes) saberá decidir que eu, embora impedido de me manifestar por minha invalidez, não estou querendo mais viver. Nessa situação, para quem me ama (ou amava, que seja), me ajudar a morrer seria um gesto de amor.

Pois é. Não é tão fácil assim nem tão claro. Barbara Gancia escreveu, com razão, em sua coluna que "o fardo de cuidar dos idosos tornou-se um dos maiores dramas da atualidade". Os avanços da medicina fazem com que, hoje, sejam cada vez mais numerosos os que cuidam de próximos que sobrevivem transformados pela idade, pela invalidez ou pela demência. E sobrevivem, muitas vezes, tanto irreconhecíveis quanto incapazes de reconhecer os que cuidam deles. Perguntas básicas:

1) Será que o outro que nós amávamos, se ele pudesse escolher, toparia viver como ele está agora?

2) Será que o ser do qual cuidamos hoje é o mesmo que nós amávamos antes do acidente, da invalidez ou da demência? Se ele não for o mesmo, será que esse novo ser não tem seus próprios critérios do que é uma vida que valha a pena ser vivida – critérios diferentes dos do nosso amado de antes?

3) Difícil continuar amando alguém que não nos reconhece mais. Mas será que por isso o deixaríamos morrer – por ele não ser mais aquele ou aquela que amávamos?

4) Por que sempre chega um dia em que ninguém aguenta mais cuidar? É porque o custo (em todos os sentidos) é excessivo e queremos recuperar nossa vida? Ou é porque é quase impossível fazer o luto de um amado que já se foi, mas continua de corpo presente?

Acontece de alguém se suicidar depois de ter matado um amado inválido e demente, de quem não consegue mais cuidar. É mais que uma maneira de evitar a culpa: renunciando a viver sem você, confirmo que foi por amor que matei você – ou melhor, que matei o desconhecido que tinha tomado seu lugar.

Pois é: foi mesmo por amor que matei você? Ou por vingança, por você ter me deixado sozinho? Seja como for, fica confirmado, embora num sentido inabitual, que o amor resiste dificilmente ao tempo.

PALAVRAS DE AMOR

Os sentimentos funcionam como picadas de mosquito, que coçamos e recoçamos até que se tornem feridas infectadas e, às vezes, septicemias generalizadas (quem sabe fatais). Salvo um exercício difícil de autocontrole, qualquer picada pode adquirir uma relevância desmedida: a gente tende a se coçar muito além da conta porque descobre que se coçar não é um alívio, mas um prazer autônomo em si.

Por isso mesmo, em geral, não confio nos sentimentos; nem nos meus, nem nos dos outros. Não é que eu suponha que os humanos mintam quando amam, odeiam ou se desesperam no luto. Nada disso.

Apenas verifico que os sentimentos, em geral, são condições autoinduzidas: transtornos ou desvios produzidos pelos próprios indivíduos que, se não procuram sarnas para se coçar (como diz o ditado), no mínimo adoram coçar as sarnas que têm. Detalhe: coçando, aumenta o prurido, assim como a vontade e o prazer de se coçar.

Tomemos o exemplo do amor. Eu encontro, conheço ou vislumbro de longe alguém que preenche algumas condições básicas para que eu goste dela. Sussurrando entre quatro paredes ou gritando em praça pública, anotando no meu diário ou escrevendo para grandes editoras, passo a encher o ar ou as páginas com as descrições da beleza inigualável de minha amada e com as declarações hiperbólicas de meu sentimento.

Claro, minha prosa ou poesia poderão, quem sabe, conquistar meu objeto de amor, mas esse é um efeito colateral. O efeito mais importante (e esperado) de minhas palavras de amor não é tanto o de seduzir o objeto de meus sonhos, mas o de eu me apaixonar cada vez mais. Pois a intensidade do meu amor será diretamente proporcional à insistência e à virulência de minhas declarações.

Em linguística, chamamos performativas aquelas expressões que, ao serem proferidas, constituem o fato do qual elas falam. Exemplo clássico: um chefe de Estado dizendo "Declaro a guerra"; essa frase é a própria declaração de guerra.

Dizer que sou apaixonado, que odeio ou que me desespero no luto talvez não sejam propriamente performativos. Mas se trata, no mínimo, de semiperformativos, ou seja, talvez os sentimentos existam antes de serem declarados, mas eles só crescem e tomam conta da gente na hora de serem ditos, descritos e contados – na hora de sua declaração, pública ou privada.

Há três razões pelas quais o amor é absolutamente indissociável da literatura amorosa. A primeira é que a gente aprende a amar e a declarar o amor pela literatura. A segunda é que o amor se tornou relevante em nossa vida à força de ser descrito e idealizado pela literatura. A terceira é que o amor, como sentimento, é um efeito das palavras que o expressam: a literatura nos instiga a amar tanto quanto nossas próprias declarações amorosas.

Acabo de terminar a prazerosa leitura de *Como os franceses inventaram o amor*. Nele, Marilyn Yalom percorre a literatura francesa e revela que ela é um repertório completo do amor.

A coisa começa com o triângulo amoroso, que não é um acidente nem um imprevisto do amor; ao contrário, o amor começa, mil anos atrás, com o triângulo amoroso. Tristão escolta Isolda, a futura esposa de seu tio, e se apaixona por ela. Lancelote venera seu rei Artur, mas se apaixona pela rainha. E, em geral, os poetas do amor cortês amam damas casadas (e frequentemente fiéis a seus senhores, aliás).

A França é, para Yalom, a pátria do amor. Não só pela riqueza de sua literatura, mas justamente porque, na cultura francesa, do amor cortês do século 12 até as conversas das preciosas nos salões parisienses do século 17 (que Molière ridicularizava, mas também admirava),* amar é, antes de mais nada, uma arte de dizer, de ser efeito das próprias palavras que usamos ao declarar e descrever nosso sentimento.

Alguns acham que falta amor em sua vida. Como Emma Bovary ou Anna Kariênina (destaco aqui a extraordinária tradução de Rubens Figueiredo, pela

---

* Referência à peça de comédia de Molière, *As Preciosas ridículas* (*Les Précieuses ridicules*), na qual o dramaturgo satiriza as mulheres da época, devido ao seu modo afetado de falar para demonstrar a própria cultura. (N.E.)

Cosac Naify, para a obra homônima), temem que, sem amor, sua vida nunca chegue a ter a dignidade de um romance. A eles, recomendo paciência: os tempos mudam, e talvez se afirme hoje, aos poucos, uma retórica nova, menos sentimental, capaz de dar valor literário a uma vida sem amores e paixões.

Outros se queixam dos estragos que o excesso de amor faz em sua vida. Aqui a cura é simples: eles não vão acreditar, mas basta se calar um pouco, assim como é suficiente não se coçar para que as picadas de mosquito parem de incomodar.

A FAVOR DO TÉDIO

Alguns livros recentes tratam dos malefícios de nossa constante vontade de encontrar diversões. Como sugere o título de um deles, *The Distraction Addiction* [O vício da distração], de Alex Pang, a vontade de se distrair seria um vício, uma forma de dependência. Também, desde o começo do ano, leio artigos de revista sobre "os surpreendentes benefícios do fato de sentir tédio".

Os livros não me pareceram imperdíveis. E os artigos nas revistas de grande circulação citam pesquisas por ouvir dizer. Mas tanto faz. O conjunto manifesta um novo clima, segundo o qual a necessidade de sermos entretidos e estimulados continuamente não tornaria nossa vida mais rica e variada; ao contrário, é possível que essa dispersão empobreça nossa experiência.

Já foi dito por evolucionistas que a sorte de nossa espécie foi sua fraqueza: enquanto passávamos horas a fio escondidos e calados nos arbustos, esperando as feras passarem, a imobilidade e o tédio forçados produziram o surgimento da consciência, do pensamento e da fantasia. Que tal aplicar essa hipótese no campo da educação?

O que é mais "educativo" para as crianças? A diversão? Ou a chance de se entediar?

Umberto Eco atribui ao filósofo Benedetto Croce uma frase que ele cita com frequência: "O primeiro dever dos jovens é o de se tornar velhos". Esse slogan não tem como ser muito popular numa época em que o primeiro dever dos velhos é o de parecerem jovens. De fato, nesta nossa época, os adultos não ajudam os jovens a envelhecer; eles preferem mantê-los na mesma criancice que eles desejam para si.

Há pais agentes de viagem e relações-públicas que, a cada dia, organizam programas "divertidíssimos" para seus rebentos. Esses pais procuram amigos para brincadeiras coletivas e oferecem, a jato contínuo, coquetéis de televisão, cinema, compras, videogames e até livros: qualquer coisa para evitar que a criança conheça a solidão e o enfado. Sabe-se lá quais pensamentos surgiriam numa mente entediada, não é?

Certo, é preciso estimular as crianças para que elas se desenvolvam na interação com o mundo. Mas o problema é que, sem tédio maçante, ninguém, criança ou adulto, consegue inventar para si uma vida interior. E para que serve uma vida interior? Se forem pensamentos aos quais recorremos quando não temos nada para fazer, não é mais simples a gente se manter ocupado e não precisar da tal vida interior?

O problema é que há uma boa parte da vida exterior que, sem vida interior, é totalmente insossa. Tomemos o exemplo do erotismo.

A exposição *Balthus: Cats and Girls*, que esteve em exposição no Metropolitan de Nova York, tem um catálogo, com o mesmo título, que contém uma excelente introdução da curadora, Sabine Rewald.

Balthus (1908–2001) pintava com frequência gatos e meninas, juntos ou separados. Os gatos são ótimos administradores de seu tédio. Eles sabem se divertir quando a ocasião se apresenta, mas também sabem não fazer nada. Nisso, eles batem os cachorros, que sempre parecem aliviados quando finalmente têm algo para fazer.

Agora, esse dom da gestão do tédio, os gatos têm em comum com as meninas que Balthus pinta, que são todas, antes de mais nada, entediadas.

As longas sessões nas quais posavam para o pintor talvez servissem deliberadamente para produzir o tédio que Balthus queria pintar. Há as meninas quase vencidas pelo sono no meio da leitura, há as que jogam paciência no silêncio palpável da tarde numa casa de província francesa – todas parecem entregues a devaneios inquietantes.

A gente pode se indignar com a diferença de idade entre Balthus e suas modelos adolescentes, mas o fato é que os retratos das meninas são uma extraordinária ilustração de que o tédio e a indolência são as portas que levam aos pensamentos impuros.

Ou seja, é bem provável que a criança entediada tenha uma vida erótica adulta mais interessante do que a criança que cresceu de joguinho em joguinho, de amiguinho em amiguinho, de diversão em diversão.

O que me leva, aliás, a uma suspeita. Os pais que combatem o tédio dos filhos talvez estejam combatendo possíveis "pensamentos impuros": videogames, filmes, amigos, tablets e futebol, tudo contra o espantalho da masturbação, que espreita a criança entediada e solitária.

Agora, sem pensamentos impuros na criança, o que será o erotismo do adulto no qual essa criança se tornará? Um erotismo sem vida interior, talvez.

SORRIA!

São dias de sentimentos intensos e espetaculares. Os jogadores cantam o hino nacional como se estivessem na hora do sacrifício supremo pela liberdade, pela independência ou coisa que valha.

No estádio, os torcedores exultam, sofrem, rezam. Claro, eles sabem que a televisão espreita suas manifestações e exageram para ser escolhidos, aparecer e mandar beijos para quem ficou em casa.

De qualquer forma, a expressão teatral dos sentimentos sempre me deixou perplexo. Quando era criança pequena, a cada vez que o adulto que estava comigo se irritava além da conta, ou se desesperava, ou mesmo declarava seu amor a outro, eu me sentia inseguro e desamparado, porque ficava com a impressão de que, justamente, não havia mais adulto para cuidar de mim.

Mais tarde, adolescente, achava que expressar sentimentos de maneira excessiva fosse, antes de mais nada, sinal de vulgaridade. Hoje, adulto, suspeito que, em grande parte, afetos e sentimentos sejam produzidos por sua própria expressão.

Ou seja, não é que você fala "te amo" porque está apaixonado; é que você se apaixona à força de dizer te amo a cada cinco minutos. Não é que você chora e arranca o cabelo porque está desesperado, é que você se desespera à força de chorar e arrancar o cabelo. Você duvida?

Pois bem, encontrei uma confirmação de minha teoria. Em *O demônio do meio-dia*, Andrew Solomon conta a história de sua depressão e das mil experiências e leituras que o ajudaram a atravessá-la.

Na nova edição da obra, Solomon escreveu um longo epílogo, no qual ele apresenta o que aconteceu de novo desde a saída do livro, em 2001, tanto na sua própria luta contra a depressão quanto nas pesquisas, médicas e alternativas. Foi graças a esse epílogo que conheci uma pesquisa de Rosenthal e Finzi, publicada no *Journal of Psychiatric Research*.

Setenta e quatro pacientes diagnosticados com depressão maior foram divididos em dois grupos iguais: um foi tratado com uma injeção de Botox nos músculos da face que produzem a expressão de preocupação e de tristeza – para relaxá-las –, o outro (grupo de controle) recebeu uma injeção no mesmo lugar, mas de solução salina.

Testes repetidos de três a seis semanas mais tarde mediram a depressão dos pacientes segundo várias escalas e chegaram a resultados consistentes: por volta de 50% dos que foram tratados com Botox melhoraram substancialmente.

No grupo de controle, isso aconteceu com uma percentagem de pacientes (de 12 a 20%) menor da que geralmente melhora com a administração de um placebo. A pesquisa de Rosenthal e Finzi repete pesquisas anteriores, que tiveram resultados análogos.

Ou seja, em caso de depressão, uma aplicação de Botox nos músculos corrugador e prócero é tão eficiente quanto os antidepressivos de segunda geração (se não mais). Amigos dermatologistas, não percam essa!

Constatação: a incapacidade de produzir um semblante triste e preocupado produz uma melhoria de humor. É a confirmação do famoso "Sorria!", não só para a foto, mas porque sorrir traria alegria. E é sobretudo a confirmação de minha teoria: os afetos são produzidos (ou, no mínimo, exacerbados) por sua expressão.

Previsão: se a moda pegar, visto que a cultura nos pede alegria e felicidade, acabaremos todos adotando o banho de ácido que tornou o Coringa (personagem de *Batman*) para sempre sorridente.

Como é frequente, a verdade deve estar no meio: os afetos produzem expressões, e as expressões produzem (e reforçam) os afetos que as produziram. Para entender, sem nem investigar os laços entre mente e corpo, basta considerar o óbvio: nossa própria imagem influencia nosso humor.

Qualquer fisioterapeuta sabe que uma mudança na postura corporal pode mudar nosso jeito de encarar o dia e a vida.

Solomon cita também um artigo do *The New York Times* que comenta as pesquisas que citei. Esse artigo termina com a seguinte observação: ao administrar Botox a inúmeras mulheres (aparentemente na luta contra as rugas e outras marcas do envelhecimento), talvez, sem querer, os dermatologistas tenham tratado potenciais deprimidas – e que hoje encontram-se muito melhor.

NÃO ESTAMOS SÓS

No fim de semana passado, passei o dia sozinho em casa, tomando notas que serviriam para uma espécie de livro de memórias.

No meio da manhã, fiz um café na cozinha e, por causa de um título no jornal, lembrei-me de que era Dia das Mães. Minha mãe morreu em 1994; minha avó, antes disso; de qualquer forma, o Dia das Mães na Itália é em outra data.

Não havia ninguém que eu quisesse ou precisasse festejar.

No momento de voltar para a sala, tive uma experiência bizarra. Por um curto instante, pareceu-me óbvio que minha mãe estava viva, e quis lhe dizer o que eu acabava de ler no jornal, que era o Dia das Mães, e eu chamei "mamma", em voz alta, no meio do corredor da minha casa. Minha própria voz me acordou, e voltei aos dias de hoje.

Não fiquei preocupado; apenas feliz ao constatar que, depois de tantos anos, ela está presente na minha vida. Não preciso acreditar em espíritos nem em fantasmas para desejar que eles existam e se manifestem.

Somos 7 bilhões hoje na Terra. Desde o começo da humanidade, calcula-se que aqui viveram 107 bilhões de humanos. Há por volta de 15 mortos por cada vivo.

Não são tantos. E aposto que a presença deles melhoraria nossa vida e nossa convivência. Eles são nosso passado, a história que nos produziu, e nós somos o futuro deles, a razão de eles terem vivido.

No sábado antes do Dia das Mães, eu li, encantado, em poucas horas, *A cena interior*, de Marcel Cohen. O livro talvez seja responsável pelo episódio bizarro do domingo. Num tom direto e simples, Marcel Cohen evoca seus mortos (dos que ele se lembra e dos que soube por outros). Todos sumiram no genocídio, e cada capítulo se abre com o nome da pessoa e o número e a data do comboio que a levou de Paris (a dos anos 1930 e 1940, tão parecida com a de hoje) para o extermínio.

Na capa, Jacques Cohen toca um violino; é o pai de Marcel, nascido em Istambul em 1902 e sumido no Comboio nº 59, em setembro de 1943.

Os mortos deixaram alguns objetos, o violino, um porta-ovo, uma pulseirinha de prata. Eles funcionam como a madeleine de Proust:* abrem a porta da memória.

A extraordinária força do livro está no fato de que não se trata de lembranças ou de saudades; o que importa não são os sentimentos de Marcel, que es-

---

* Referência ao livro *Em busca do tempo perdido*, do romancista, ensaísta e crítico literário francês Marcel Proust. O termo, também conhecido como "Efeito Proust", é usado para descrever a memória involuntária evocada por um cheiro, sabor ou outro estímulo sensorial. (N.E.)

creve, mas são eles, os mortos, com suas vidas, longas ou breves, que persistem nestas páginas, sem idealizações, numa grandeza feita de pequenos nadas.

Numa hora em que tento escrever sobre minha infância e meus antepassados, também descubro que, para a ciência contemporânea, os antepassados não estão apenas nos porta-retratos. Explico.

As girafas têm pescoço comprido. Cinquenta anos antes de Darwin, para Lamarck, cada girafa, vendo que a comida estava no alto, estendia seu pescoço; com isso, os filhotes nasceriam de pescoço mais comprido. Com Darwin, o entendimento da evolução mudou de rumo: os esforços dos indivíduos girafas para alongar seu pescoço não passariam pelos genes, e as girafas têm pescoço comprido porque as de pescoço curto morreram de fome, enquanto sobreviveram e se reproduziram apenas as que, por acaso, eram mais pescoçudas.

Cresci darwiniano, acreditando que cada geração transmite para a seguinte o mesmo genoma que ela recebeu de seus pais etc. Mas hoje já se descobriu que não é bem assim. Sem alterar a sequência do DNA, variações adquiridas durante a vida de um indivíduo (a girafa que fez o esforço de alongar seu pescoço) podem chegar aos seus descendentes.

Essas variações são ditas epigenéticas porque acontecem nas proteínas que envolvem o DNA ("epí" significa em cima, em grego). Em suma, nossos hábitos e nossa maneira de viver afetam as gerações futuras, e pelo genoma – não só por serem transmitidas como lendas familiares.

Não sei se nosso legado epigenético inclui só os hábitos do corpo (se você comer muito chocolate, fumar, beber e não fizer exercício, então seus filhos etc.). Talvez ele inclua também nossas covardias, nossa coragem, nossa estupidez.

Sempre pensei que o passado está dentro da gente, até o passado do qual preferiríamos não nos lembrar. Agora parece que nossos mortos estão presentes ao redor de cada um de nossos genes. E que nós estaremos, com eles, ao redor dos genes de nossos filhos e filhas. Responsabilidade, hein?

RISCOS DE MORTE E RISCOS DE VIDA

É uma pergunta que volta regularmente aos blogs de dificuldades da língua portuguesa: qual é a expressão certa, "risco de vida" ou "risco de morte"?

Parece que, no risco de morte, a pessoa se arrisca a encarar a morte e, no risco de vida, se arrisca a perder a vida. Se quisermos transformar os substantivos em verbos, será preciso usar verbos diferentes: o risco de morte seria risco de morrer, mas o risco de vida seria risco de perder a vida, e não risco de viver. Aliás, dirão alguns, com ironia, o que seria o risco de viver? Se você riu com a ironia da pergunta final, reconsidere: na verdade, existe, sim, um risco de viver e não se confunde com o risco de perder a vida.

Você se lembra de "Ideologia"? Cazuza cantava "o meu prazer agora é risco de vida", sexo e drogas (sem nem sequer o rock and roll, aliás). Certo, esse é um risco de vida como perigo de perder a vida. Mas que vida seria essa, sem sexo e drogas? "As ilusões estão todas perdidas, os meus sonhos foram todos vendidos", isso seria viver? A ideia da música é que viver é uma ousadia, um pulo no escuro, uma aventura da qual não se sabe como acaba. É preciso correr o risco de viver.

Para resolver o dilema linguístico, digamos que, segundo o caso, risco de vida e risco de morte podem significar a mesma coisa (o risco de morrer), mas "risco de vida" significa também algo bem diferente. O risco de vida é o risco que corremos por viver, porque viver de verdade é sempre, inevitavelmente, um risco.

Viver é se arriscar. E quem não corre o risco de viver não vive, vegeta. Alguém perguntará qual seria, então, o risco de viver, o risco que definiria a vida?

Anne Dufourmantelle, filósofa e psicanalista francesa, no seu lindo *Éloge du risque* [Elogio ao risco], notava que vivemos, hoje, na precaução, no prognóstico e na tentativa de prever as perdas possíveis e de evitar, assim, o pior. Ela se perguntava que lugar ocuparia o desejo numa cultura que considerasse que o risco é uma loucura, heroica ou maluca.

Acrescentava que o risco não é tanto um ato pontual quanto uma maneira de ser, um jeito de estar no mundo com coragem, mesmo sem gestos extremos ou momentos de perigo. O risco de quem se arrisca a viver (risco de vida) é aceitar um desejo que nem nós mesmos conhecemos, um novo amor, uma paixão, a liberdade, a infidelidade, o risco de se separar ou de encontrar alguém, o risco de desapontar o outro, o risco de pensar além do que já sabemos, de não repetir as trivialidades compartilhadas.

Anne Dufourmantelle escreveu vários livros (em português, temos o *Falar da hospitalidade*, com Jacques Derrida) e era colunista do diário *Libération*. Eu lia seus textos e a sentia, de alguma forma, próxima de mim, por ela ser psicanalista e filósofa e, justamente, por sua ideia de que, para viver, é preciso correr risco de vida.

Nos meus termos (que expressam, acho, o mesmo pensamento), para viver é preciso que a vida não seja o valor supremo. É uma ideia que alguns podem achar estranha, porque consideram que instaurar a vida como valor supremo da gente é um grande progresso de nossos tempos.

Ora, eu não sei qual é o valor supremo certo (sequer sei qual é o meu): pode ser o desejo, a busca do prazer, a liberdade política ou individual etc., mas a ideia de que preservar a vida seja o valor supremo sempre me pareceu uma forma de decadência moral. Explico.

Por que a vida não seria o valor supremo? Simples: um valor é aquela ideia, aquela escolha ou conduta pela qual estamos dispostos a sacrificar nossa vida. Sempre foi assim.

Desde o século 19, o higienismo tenta colocar a sobrevivência como valor supremo. Agora, aceitar essa proposta significa aceitar uma ética simplificada e sinistra, em que 1) o que é bom para a saúde seria também moralmente bom; 2) nenhum valor poderia exigir nosso sacrifício de vida, pois, dessa forma, ele contradiria o valor supremo, que é sobreviver.

No fim de julho, na praia de Pampelonne, em Ramatuelle, no Var (França), tentando socorrer o filho de uma amiga que estava sendo levado pela correnteza, Anne Dufourmantelle se afogou.

Como ela mesma diria, Anne, socorrendo o menino, não decidiu correr risco de morte. Mas ela correu o risco de viver, ela se arriscou a viver – porque viver é também se jogar no mar, sem hesitar, para salvar uma criança.

OS CLICHÊS DE NATAL E ANO-NOVO

Assisti ao balé *O Quebra-Nozes*, de Tchaikovsky, umas cinco vezes ao longo da infância, sempre no Teatro alla Scala, de Milão. E sempre em dezembro.

Resumindo a história, uma menina, Clara, pede, como presente de Natal, um quebra-nozes que tem a aparência de um soldado. O irmão de Clara quebra o braço do quebra-nozes, e Clara tenta consolar seu brinquedo. Enfim, ela sonha: chega um exército de ratazanas, e o quebra-nozes lidera os soldados que a protegem. Quando Clara acorda, ela encontra alguém que é exatamente o quebra-nozes do sonho.

Pelos sentimentos um pouco melados, pelo clima mágico e pela circunstância (o quebra-nozes é um presente de Natal, e as nozes são um tira-gosto natalino), *O Quebra-Nozes* se tornou o espetáculo de Natal por definição mundo afora (no mês de dezembro inteiro, o balé da cidade de Nova York apresentou *O Quebra-Nozes*, como a cada ano).

Para as crianças, à condição de elas saberem um pouco a história, o balé de Tchaikovsky não é chato. E os pais gostam de mostrar uma obra de arte a seus rebentos. Mas o que resta de uma obra de arte quando ela se torna um clichê?

Uma nota dos *Diários íntimos*, de Baudelaire, diz: “Créer un poncif, c’ést le génie. Je dois créer un poncif"* – criar um clichê, esse é o gênio. Preciso criar um clichê. Vinda de Baudelaire, a frase talvez fosse irônica. Mas entendo que, mesmo ironicamente, ele tivesse a ambição de criar um clichê, como se essa fosse a marca do sucesso cultural.

Agora, não acho que um autor sozinho, mesmo do tamanho de Baudelaire, possa criar um clichê. Os clichês são o resultado de esforços coletivos e se afirmam porque prometem uma gratificação para todos.

O Natal, por exemplo, é um extraordinário clichê. A cada ano, desencadeado pela aproximação da festa religiosa, ele volta com o mesmo pacote de afetos e com a mesma aura. O Natal nos gratifica a todos nos fazendo acreditar que somos *muito* melhores do que somos – "melhores" significa aqui mais generosos, bondosos, caritativos e solidários. Os votos para o Ano-Novo, aliás, são outro clichê, preparado pelo clichê de Natal.

---

* Poncif é uma folha estêncil, um modelo perfurado em papel ou outro material usado para transferir um desenho para uma superfície, como uma parede, tela ou tecido; clichê é uma folha estereotipada ou uma chapa fotográfica de negativo: instrumentos de repetição infinita do mesmo. Curiosamente, o termo *poncif*, no português, é usada principalmente em contextos acadêmicos, literários ou críticos para se referir a uma ideia ou expressão banalizada, clichê, repetida a ponto de perder sua força original. (N.E.)

Nova York, nessa estação, é o clichê dos clichês de Natal. Os turistas deixam suas cidades decoradas de luzes, Papais Noéis e árvores de Natal para passear na cidade que tem a reputação de ser a mais decorada de todas.

Para os brasileiros, Nova York, nesses dias, é um imenso shopping enfeitado para o Natal, só que ao ar livre e onde, pelo frio, a neve e as renas fazem sentido. Como os shoppings brasileiros, Nova York inteira está imersa numa trilha sonora natalina permanente da qual não há como escapar. Por sorte, em Nova York, as sirenes de ambulâncias, polícia e bombeiros quebram frequentemente o encanto, lembrando que a vida real ainda existe, atrás de "Jingle Bells" e "Noite feliz".

Pela primeira vez na vida, fui ver as vitrines da Saks, loja de departamento na Quinta Avenida. A calçada é tomada por famílias de turistas numa espécie de sorriso congelado, não se sabe se é pela temperatura ou pelo êxtase do espírito de Natal – que inclui os olhos arregalados pela maravilha (do milagre, dos presentes, da bondade possível e das mercadorias nos mostruários das lojas).

Pois bem, as vitrines da Saks são péssimas ou, no mínimo, ordinárias – nada melhor do que cada turista já viu num comércio qualquer de sua cidade de origem. Neste ano, são cenas de *Branca de Neve e os sete anões*, com algumas personagens se movimentando levemente.

A versão da Disney, como decoração natalina é um clichê dentro de um clichê. E isso torna as vitrines da Saks ainda mais encantadoras aos olhos dos turistas e dos nova-iorquinos que desfilam sorrindo para contemplá-las, pois o que eles procuram não é nenhum prazer estético, mas apenas a confirmação do clichê, sua repetição.

Mas o que a gente ganha com o clichê? No caso do Natal, a convicção de sermos todos bons, no fundo? Uma sensação de estabilidade, porque o clichê volta a cada ano?

Talvez. Mas suspeito que o maior atrativo do clichê seja seu caráter quase universal: basta aderir ao clichê para fazer parte de uma coletividade. Melhor todos juntos no clichê do que cada um tendo que pensar por sua conta. Não é? (estou sendo irônico, tá?)

A LEMBRANÇA DO SILÊNCIO

Meu pai usava caneta-tinteiro, mas de um jeito bastante peculiar e só quando ele se sentava à mesa dele. Para longe da mesa, ele levava uma esferográfica descartável, no bolso superior esquerdo do colete.

No meio da escrivaninha dele, estava um conjunto de prata e cristal, que incluía um prato para pequenos papéis e talvez selos, dois frascos para as tintas (os quais, por serem transparentes, tornavam as tintas reconhecíveis: azul-escura e vermelha) e, plantada no meio, uma bainha protetora que se confundia com uma pedra semipreciosa, o que dava ao conjunto um aspecto, ao mesmo tempo, de péssimo gosto e mágico, como se a caneta fosse Excalibur, fincada numa montanha e disposta a ser solta só pela mão do futuro rei Artur (que a pedra e a espada reconheceriam).

Na época, escrever era uma tarefa constante no trabalho de um médico. Não havia computador de mesa, obviamente, e, além das receitas, as anotações do médico, a cada consulta, eram cruciais.

Sempre pensei que a caneta-tinteiro do meu pai estivesse quebrada, porque ele sequer tentava carregá-la de tinta (o que deveria acontecer por um pistão que, à primeira vista, parecia funcionar normalmente). Mas, como disse, ele sequer tentava: servia-se da caneta-tinteiro como se fosse uma pena das antigas, das que a gente molhava na tinta a cada duas ou três palavras.

Só que, no caso, o mesmo mecanismo que, numa caneta-tinteiro, garante o fluxo regular da tinta também fazia a pena, uma vez molhada, durar mais e permitir escrever facilmente por duas ou três linhas.

Em suma, ele usava sua caneta-tinteiro como uma superpena das antigas e, claro, conseguia conciliar o cuidado para evitar os borrões (gotas de excesso de tinta) com uma reserva suficiente para escrever sem ter que estar molhando a pena o tempo inteiro.

Enfim, gostava de vê-lo escrever desse jeito; era uma arte da qual só soube depois da morte dele, que ela não correspondia a nenhum problema real: a caneta Excalibur não tinha nenhum defeito.

Completando o quadro familiar: meu irmão escrevia com esferográficas, de tipo recarregável, que ele terminava e para as quais comprava recargas.

Minha mãe escrevia com esferográficas descartáveis; ela substituía a caneta assim que se formasse uma acumulação de tinta quase sólida, presa na esfera da ponta.

Também ela disseminava as canetas, para que cada gaveta, arquivo ou agenda tivesse uma caneta própria, imediatamente pronta ao uso.

Meu avô (materno, o único que conheci) usava três esferográficas bastante luxuosas, de prata, cada uma com uma história (presente recebido na primeira comunhão ou no fim do ensino médio ou no noivado etc.). Com essas canetas, ele se debruçava sobre

La Settimana Enigmistica [a semana em enigmas], o equivalente italiano da *Coquetel* (na verdade, a *Coquetel* era o equivalente brasileiro da *Settimana*).

Da escrita dele, o que me sobra é a lembrança do silêncio: a esfera rolando sobre o papel, o suavíssimo toque metálico da esfera ou talvez do próprio mecanismo da caneta, talvez o cheiro também suave das balas que ele chupava enquanto pensava e resolvia enigmas.

A escrita era sempre parte do encanto – como se, em cada caso, a caneta e os gestos transformassem a trivialidade cotidiana em algo sagrado, um rito. Nada de mais, escrever é sempre um pouco isto: conferir ao acontecimento a dignidade do registro.

E eu? Eu escrevia com caneta-tinteiro, desde muito cedo.

Ao longo do tempo, os incidentes (bolso da camisa ou do paletó encharcados de tinta) foram raríssimos. Em compensação, estava com o indicador, o médio e às vezes o polegar da mão direita cronicamente manchados de tinta azul. Não eram manchas intensas; pareciam-se mais com um halo – aquele amarelado de resíduo de combustão na ponta dos dedos dos grandes fumadores.

Mais ou menos dois anos atrás, decidi reunir uma coleção (idealmente completa) de todas as canetas com as quais escrevi na minha vida.

Aquelas às quais eu fui fiel não foram tantas, mais ou menos uma dúzia.

Como me veio a ideia?

Foi porque uma Montblanc Slimline 1122 sumiu de uma gaveta. Claro, pensei que tinha sido roubada, embora não valesse grande coisa.

Foi a falta de uma caneta que me deixou com a vontade implacável de tê-las todas de volta. Ou talvez de estar de volta para o começo da minha vida, com todas as canetas e as tintas.

POSFÁCIO

Das (im)possibilidades da escrita

Se este fosse um prefácio, já seria um texto bem difícil de escrever, mas, sendo ele um posfácio, este é um texto impossível.

Levei alguns dias além do prazo combinado para entrega com a Editora Planeta – e uns quatro textos iniciados que não foram a lugar algum, e duas ou três porções de constrangimento diante de Bernardo Machado (editor do livro) –, até me dar conta da óbvia questão: *o que* haveria para escrever depois de crônicas de ninguém menos do que Contardo Calligaris?

Foi relendo a crônica sobre luto ("Como viver um luto"), que me dei conta de que a minha imensa dificuldade para escrever esse texto tem a ver com a porção de luto não elaborado pela perda dele – e que me levaram ao tal do *pentimento* (lá na página 25).

Explico: não conheci Contardo Calligaris. Até o encontrei uma vez, quando eu dava aulas em um centro universitário em Curitiba e ele foi dar uma palestra e falar de seu romance *A mulher de vermelho e branco*. Depois de ouvir sua fala, que segue me impactando ainda hoje – e já faz quase quinze anos –, entrei na fila de autógrafos, ganhei algumas palavras no meu livro e uma foto com ele. Não lembro se conversamos algo. Mas amaria ter uma anedota para contar, como têm alguns de meus colegas que se analisaram ou fizeram supervisão com ele e volta e meia contam coisas belíssimas e profundamente ensinantes. Olha só o *pentimento* aí: como teria sido bom se o que não foi tivesse sido!

Embora eu não o tenha conhecido, felizmente, temos os livros! Temos a literatura para seguir fazendo-o vivo. Foi com ele, aliás, que aprendi que existe vida depois da morte, e este livro é uma prova disso, tal como foi também *O sentido da vida,* que lhe rendeu até mesmo um Prêmio Jabuti, em 2024, nessa vida do Contardo que segue em nós depois da vida dele para si. Eu não fiz parte dessa sua vida, mas me alegra e me honra profundamente fazer parte da segunda vida dele, por meio da escrita.

Me ocorreu agora uma outra chave de leitura para o *pentimento,* a qual vou chamar de *otnemitnep* (pentimento, só que ao contrário), que é a celebração pelos raros e por isso tão preciosos bons encontros. Se eu não tivesse encontrado a literatura de Contardo no ano de 2004, com o *Cartas a um jovem terapeuta,* e depois em tantas crônicas semanais que por anos ele escreveu e publicou, certamente eu não seria quem sou e não escreveria como escrevo.

A escrita do nosso autor é uma invenção e sustentação de um estilo absurdamente próprio de, constantemente, desviar de clichês, imperativos, higienismos, moralismos, modismos e vulgaridades que, por sua forma, é nutritiva existencialmente – e por seu conteúdo, é edificante. Como ele mesmo escreve aqui, "O aplauso de quem fica é a melhor recompensa por uma vida que não seja consolada pela fé".

Aplausos a Contardo Calligaris!

Ana Suy – psicanalista e escritora*

Autora de *A gente mira no amor e acerta na solidão*, *Não pise no meu vazio*, *As cabanas que o amor faz em nós* e *A corda que sai do útero*, todos publicados pela Editora Planeta.

---

* Antes de ir embora, não posso deixar de rir de minha preocupação narcísica que tanto me atrapalhou para escrever esse texto. Este texto é possível, sim, como tantas coisas são quando a gente deixa de se colocar no centro delas.

OBRAS CITADAS

Filmes

A busca. Direção: Luciano Moura. Rio de Janeiro: Globo Filmes, 2013.

Aliados. Direção: Robert Zemeckis. EUA: Paramount Pictures, 2016.

Amor. Direção: Michael Haneke. França: Les Films du Losange, 2013.

Amor, sublime amor. Direção: Jerome Robbins, Robert Wise. EUA: Mirisch Pictures; Seven Arts Productions, 2021.

As canções. Direção: Eduardo Coutinho. Rio de Janeiro: VideoFilmes, 2011.

Blade Runner: o caçador de androides. Direção: Ridley Scott. EUA: The Ladd Company, 1982.

Camille outra vez. Direção: Noémie Lvovsky. França: France 2, 2013.

Central do Brasil. Direção: Walter Salles. Rio de Janeiro: VideoFilmes, 1998.

Dona Flor e seus dois maridos. Direção: Bruno Barreto. Rio de Janeiro: Embrafilme, 1976.

Filhos do Carnaval. Criação: Cao Hamburger e Elena Soarez. Brasil: HBO, 2006–2009.

Gatilho relâmpago. Direção: Russell Rouse. EUA: MGM, 1956.

Looper: assassinos do futuro. Direção Rian Johnson. EUA: Endgame Entertainment, 2012.

Meu pé esquerdo. Direção: Jim Sheridan. Inglaterra: Palace Pictures, 1989.

Miss Violence. Direção: Alexandros Avranas. Grécia: Alexandros Avranas, 2013.

O casamento de Romeu e Julieta. Direção: Bruno Barreto. Rio de Janeiro: Globo Filmes, 2005.

O protetor. Direção: Antoine Fuqua. EUA: Columbia Pictures, 2014.

O quinto elemento. Direção: Luc Besson. França: Gaumont Film Company, 1997.

Um belo domingo. Direção: Nicole Garcia. França: Les Films Pelléas, 2014.

Um dia. Direção: Lone Scherfig. EUA: Random House, 2011.

Músicas

A fórmula do amor. Intérprete: Kid Abelha. *In*: EDUCAÇÃO sentimental. Rio de Janeiro: Elektra Records, 1985.

Be yourself. Intérprete: Audioslave. *In*: OUT of exile. Santa Monica: Geffen Records, 2005.

Ideologia. Intérprete: Cazuza. *In*: IDEOLOGIA. Rio de Janeiro: Phillips Records, 1988.

Livros

AGAMBEN, G. *A aventura*. Minas Gerais: Autêntica Editora, 2018.

AGAMBEN, G. *La ragazza indicibile*: mito e mistero di Kore. Itália: Electa, 2010.

BARTHES, R. *Fragmentos de um discurso amoroso*. São Paulo: Editora Unesp, 2018.

BARTHES, R. *Diário de luto*. São Paulo: WMF Martins Fontes, 2011.

BAUDELAIRE, C. *Diários íntimos*. Florianópolis: Caminho de Dentro, 2013.

BAUMEISTER, R.; TIERNEY, J. *Willpower*: rediscovering the greatest human strength. Nova York: Penguin, 2012.

CALLIGARIS, C. *Hypothèse sur le fantasme*. Paris: Seuil, 1983.

COHEN, M. *A cena interior*: fatos. São Paulo: Editora 34, 2017.

DOKA, J. K. Disenfranchised grief: recognizing hidden sorrow. Maryland: Lexington Books, 1989.

DUFOURMANTELLE, A. *Éloge du risque*. Paris: Payot, 2011.

DUFOURMANTELLE, A.; DERRIDA, J. *Da hospitalidade*: Anne Dufourmantelle convida Jacques Derrida a falar da hospitalidade. São Paulo: Editora Escuta, 2003.

EAGLEMAN, D. *A soma de tudo*. Rio de Janeiro: Rocco, 2010.

FAUSTO, B. *O brilho do bronze*: um diário. São Paulo: Cosac Naify, 2014.

FILIPPO, E. *Napoli milionaria!* Turim: Einaudi, 1997.

FREUD, S. *Introdução à psicanálise*. Rio de Janeiro: Editora Guanabara, 1934.

GINSBERG, A. *Howl and other poems*. São Francisco: City Light Books, 1956.

GOETHE, J. *Os sofrimentos do Jovem Werther*. São Paulo: Martins Fontes, 2014.

GREENBLATT, S. *A virada*: o nascimento do mundo moderno. São Paulo: Companhia das Letras, 2012.

HARUF, K. *Nossas noites*. São Paulo: Companhia das Letras, 2017.

HEIJMANS, T. *No mar*. São Paulo: Cosac Naify, 2015.

HÖLDERLIN, F. Pão e vinho. *In*: *Obras completas*. Lisboa: Edição da Fundação Calouste Gulbenkian, 1997. v. 2.

MAITLAND, S. *Como ficar sozinho*. Rio de Janeiro: Objetiva, 2015.

MASTERS, E. L. *Spoon River anthology*. Nova York: Penguin Books, 2008.

MONTAIGNE. *Os ensaios*. São Paulo: Penguin-Companhia, 2010.

NICHOLLS, D. *Um dia*. Rio de Janeiro: Intrínseca, 2009.

PANG, A. S-K. *The distraction addiction*: getting the information you need and the communication you want, without enraging your family, annoying your colleague: your colleagues, and destroying your soul. Nova York: Little, Brown and Company, 2013.

PIKETTY, T. *O capital no século XXI*. Rio de Janeiro: Intrínseca, 2014.

PROUST, M. *Em busca do tempo perdido*. Rio de Janeiro: Nova Fronteira, 2016.

RAWLS, J. *Justiça como equidade*. São Paulo: Martins Fontes, 2003.

REWALD, S. *Balthus*: cats and girls. Nova York: Metropolitan Museum of Art, 2013.

ROUGEMONT, D. *O amor e o Ocidente*. Rio de Janeiro: Editora Guanabara, 1988.

SHAKESPEARE, W. *Romeu e Julieta*. São Paulo: Penguin-Companhia, 2016.

SMITH, P. *Devoção*. São Paulo: Companhia das Letras, 2019.

SMITH, P. *O ano do macaco*. São Paulo: Companhia das Letras, 2019.

SOLOMON, A. *O demônio do meio-dia*: uma anatomia da depressão. São Paulo: Companhia das Letras, 2018.

STORR, A. *Solidão, a conexão com o eu*. São Paulo: Benvirá, 2013.

TOLSTÓI, L. *Anna Kariênina*. São Paulo: Cosac Naify, 2005.

TROYES, C. *Erec et Enide*. Paris: Librairie Générale Française, 1992.

TROYES, C. *Yvain*: o Cavaleiro do Leão. Rio de Janeiro: Francisco Alves, 1989.

TRUMBO, D. *Johnny vai à guerra*. Rio de Janeiro: Biblioteca Azul, 2017.

VÁSQUEZ, R. G.; CABRAL, I. *Todos os sonhos do mundo*. São Paulo: Giostri Editora, 2022.

YALOM, M. *Como os franceses inventaram o amor*: nove séculos de romance e paixão. Barueri: Editora Prumo, 2023.

PARA SABER MAIS

ARZE, W. N. C. *Distribuição temporal dos diagnósticos de gonorreia, sífilis e tricomoníase em uma clínica de DST em Niterói – RJ*: o carnaval influencia no aumento das DST? Dissertação (Mestrado em Ciências Médicas) – Universidade Federal Fluminense, Niterói, 2008.

BIGELSEN, J.; SCHUPAK, C. Compulsive fantasy: proposed evidence of an under-reported syndrome through a systematic study of 90 self-identified non-normative fantasizers. *Consciousness and Cognition*, v. 20, n. 4, p. 1634-1648, 2011.

BORGES, A. Chris Cornell, vocalista do Audioslave e do Soundgarden, morre aos 52 anos. *Folha de S.Paulo*, 18 maio 2017. Disponível em: https://www1.folha.uol.com.br/ilustrada/2017/05/1885057-chris-cornell-vocalista-do-audioslave-morre-aos-52-anos-nos-eua.shtml. Acesso em: 24 abr. 2025.

CALLIGARIS, C. As mulheres têm desejos e fantasias. *Folha de S.Paulo*, 27 jun. 2019. Disponível em: https://www1.folha.uol.com.br/colunas/contardocalligaris/2019/06/as-mulheres-tem-desejos-e-fantasias.shtml. Acesso em: 24 abr. 2025.

CALLIGARIS, C. Injustiçados e ressentidos. *Folha de S.Paulo,* 8 ago. 2019. Disponível em: https://www1.folha.uol.com.br/colunas/contardocalligaris/2019/08/injusticados-e-ressentidos.shtml. Acesso em: 24 abr. 2025.

CALLIGARIS, C. O espírito de 1966. *Folha de S.Paulo,* 3 out. 2019. Disponível em: https://www1.folha.uol.com.br/colunas/contardocalligaris/2019/10/o-espirito-de-1966.shtml. Acesso em: 24 abr. 2025.

DINIZ, P. Jovens fogem da catarse virtual e se aproximam de vida analógica. *Folha de S.Paulo,* 12 jun. 2018. Disponível em: https://www1.folha.uol.com.br/ilustrada/2018/06/jovens-fogem-da-catarse-virtual-e-se-aproximam-de-vida-analogica.shtml. Acesso em: 24 abr. 2025.

FINZI, E.; ROSENTHAL, N. E. Treatment of depression with onabotulinumtoxinA: a randomized, double-blind, placebo controlled trial. *Journal of Psychiatric Research,* v. 52, p. 1-6, 2014.

FORD, B. Q. *et al.* Desperately seeking happiness: valuing happiness is associated with symptoms and diagnosis of depression. *Journal of Social and Clinical Psychology,* v. 33, n. 10, p. 890-905, 2014.

FORD, B. Q.; MAUSS, I. B.; GRUBER, J. Valuing happiness is associated with bipolar disorder. *Emotion,* v. 15, n. 2, p. 211-222, 2015.

FRIAS FILHO, O. Morre aos 61 Otavio Frias Filho, diretor de Redação da Folha. *Folha de S.Paulo,* 21 ago. 2018. Disponível em: https://www1.folha.uol.com.br/poder/2018/08/morre-aos-61-otavio-frias-filho-diretor-de-redacao-da-folha.shtml. Acesso em: 24 abr. 2025.

FROMM-REICHMANN, F. Loneliness. *Psychiatry,* v. 22, n. 1, p. 1-15, 1959.

GANCIA, B. Jogue a mamãe do trem. *Folha de S.Paulo,* 25 jan. 2013. Disponível em: https://www1.folha.uol.com.br/fsp/cotidiano/90473-jogue-a-mamae-do-trem.shtml. Acesso em: 17 abr. 2025.

GRAHAM, C.; NIKOLOVA, M. Why aging and working makes us happy in 4 charts. *Brookings,* 28 mar. 2014. Disponível em: https://www.brookings.edu/articles/why-aging-and-working-makes-us-happy-in-4-charts/. Acesso em: 21 abr. 2025.

HELLER, N. The philosopher redefining equality. *The New Yorker,* 31 dez. 2018. Disponível em: https://www.newyorker.com/magazine/2019/01/07/the-philosopher-redefining-equality. Acesso em: 24 abr. 2025.

HOLT-LUNSTAD, J.; SMITH, T. B.; LAYTON, J. B. Social relationships and mortality risk: a meta-analytic review. *PLoS Medicine,* v. 7, n. 7, p. e1000316, 2010.

JOSÉ, G. Um futuro solitário para milhões de pessoas. *Estado de Minas*, 21 jun. 2023. Disponível em: https://www.em.com.br/app/noticia/opiniao/2023/06/21/interna_opiniao,1510114/um-futuro-solitario-para-milhoes-de-pessoas.shtml. Acesso em: 21 abr. 2025.

KIDD, D. C.; CASTANO, E. Reading literary fiction improves theory of mind. *Science*, v. 342, n. 6156, p. 377-380, 2013.

MAUSS, I. B.; TAMIR, M.; ANDERSON, C. L.; SAVINO, N. S. Can seeking happiness make people unhappy? Paradoxical effects of valuing happiness. *Emotion*, v. 11, n. 4, p. 807-815, 2011.

NARCIZO, B. Curva de contaminação vai definir reabertura do comércio paulista, diz coordenadora do conselho econômico. *Folha de S.Paulo*, 23 abr. 2020. Disponível em: https://www1.folha.uol.com.br/mercado/2020/04/curva-de-contaminacao-vai-definir-reabertura-do-comercio-paulista-diz-coordenadora-do-conselho-economico.shtml. Acesso em: 24 abr. 2025.

PASSOS, M. R. L. *et al.* Há aumento de DST no Carnaval? Série temporal de diagnósticos em uma clínica de DST. *Revista da Associação Médica Brasileira*, v. 56, n. 4, p. 420-427, 2010.

PESSOA, C. Crítica: estudo consistente reafirma importância da geração beat. *Folha de S.Paulo*, 23 ago. 2014. Disponível em: https://www1.folha.uol.com.br/ilustrada/2014/08/1504480-critica-estudo-consistente-reafirma-importancia-da-geracao-beat.shtml. Acesso em: 24 abr. 2025.

PESSOA, G. S. Há 90 anos no Brasil, cruzadinhas preservam detalhes de sua criação. *Folha de S.Paulo*, 12 jun. 2015. Disponível em: https://www1.folha.uol.com.br/ilustrada/2015/07/1654197-ha-90-anos-no-brasil-cruzadinhas-preservam-detalhes-de-sua-criacao.shtml. Acesso em: 24 abr. 2025.

PIKETTY, T. *O capital no século XXI*. Rio de Janeiro: Intrínseca, 2014.

RAUCH, J. The real roots of midlife crisis. *The Atlantic*, dez. 2014. Disponível em: https://www.theatlantic.com/magazine/archive/2014/12/the-real-roots-of-midlife-crisis/382235/. Acesso em: 21 abr. 2025.

SÁ, N. Como dramaturgo, experimentou formas, sucessos e fracassos. *Folha de S.Paulo*, 21 ago. 2018. Disponível em: https://www1.folha.uol.com.br/poder/2018/08/como-dramaturgo-experimentou-formas-sucessos-e-fracassos.shtml. Acesso em: 24 abr. 2025.

SECCHES, F. Em livros, Patti Smith esmiúça a dor sem ceder a caminhos fáceis. *Folha de S.Paulo*, 10 nov. 2019. Disponível em: https://www1.folha.uol.com.br/ilustrada/2019/11/em-livros-patti-smith-esmiuca-a-dor-sem-ceder-a-caminhos-faceis.shtml. Acesso em: 24 abr. 2025.

SOMER, E. Maladaptive daydreaming: a qualitative inquiry. *Journal of Contemporary Psychotherapy*, v. 32, n. 2, p. 197-212, 2002.

WATANABE, P. Covid-19 é doença solitária, diz médico; 'você quer enxugar uma lágrima e não tem como'. *Folha de S.Paulo*, 23 abr. 2020. Disponível em: https://www1.folha.uol.com.br/equilibrioesaude/2020/04/covid-19-e-doenca-solitaria-diz-medico-voce-quer-enxugar-uma-lagrima-e-nao-tem-como.shtml. Acesso em: 24 abr. 2025.

LEIA TAMBÉM

Entregue pelo autor poucos dias antes de sua morte, *O sentido da vida* é um livro para aqueles que se atentam, se arriscam e se aventuram verdadeiramente pela vida. Reunião de três textos breves e muito potentes sobre a obrigação da felicidade, o "morrer bem" e o sentido da vida, Contardo Calligaris consegue, aqui, com sua linguagem única, transitar entre memórias de infância, experiências clínicas e observações sobre arte, história e a Bíblia, abordando temas tão particulares quanto universais.

Obra vencedora do Prêmio Jabuti 2024 na categoria Saúde e Bem-estar.

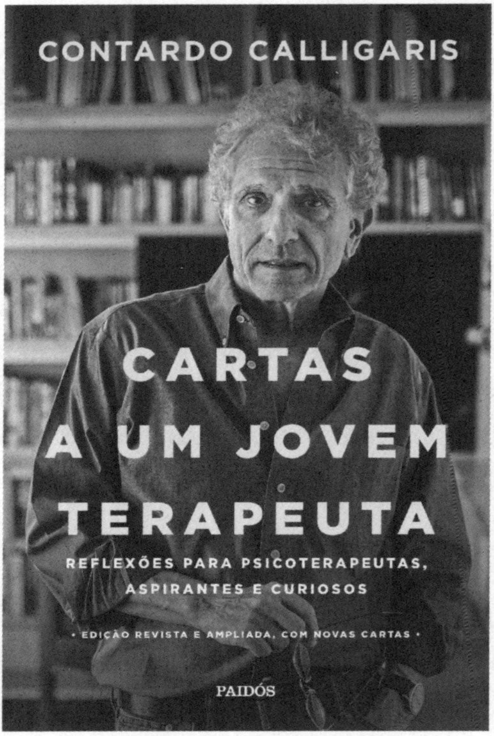
CONTARDO CALLIGARIS
CARTAS A UM JOVEM TERAPEUTA
REFLEXÕES PARA PSICOTERAPEUTAS, ASPIRANTES E CURIOSOS
• EDIÇÃO REVISTA E AMPLIADA, COM NOVAS CARTAS •
PAIDÓS

Em *Cartas a um jovem terapeuta*, Contardo Calligaris reflete, com clareza e franqueza, sobre os desafios e encantos da profissão. Fala de vocação, primeiros atendimentos, dilemas éticos, amores terapêuticos e relação com a família. Também aborda questões práticas, de leituras essenciais a como conquistar pacientes, e responde a uma pergunta muito frequente: por que os terapeutas enxergam tudo pelo prisma da sexualidade?

Nova edição, revista e ampliada, do livro mais clássico do autor.

Acreditamos
nos livros

Este livro foi composto em Chronicle Text G1, Sarun Pro e Tusker Grotesk e impresso pela Gráfica para a Editora Planeta do Brasil em novembro de 2025.